Criminal Psychology

犯罪心理学

李娟娟（知名心理作家）◎著

京师心智（专业心理教育机构）◎组编

台海出版社

图书在版编目（CIP）数据

犯罪心理学 / 李娟娟著 . -- 北京：台海出版社，
2018.1（2024.1 重印）

ISBN 978-7-5168-1700-1

Ⅰ.①犯… Ⅱ.①李… Ⅲ.①犯罪心理学 Ⅳ.
① D917.2

中国版本图书馆 CIP 数据核字（2017）第 306686 号

犯罪心理学

著　　者：李娟娟

责任编辑：高惠娟　赵旭雯
责任印制：蔡　旭

出版发行：台海出版社
地　　址：北京市东城区景山东街 20 号　邮政编码：100009
电　　话：010 — 64041652（发行，邮购）
传　　真：010 — 84045799（总编室）
网　　址：www.taimeng.org.cn/thcbs/default.htm
E－mail：thcbs@126.com

印　　刷：三河市嘉科万达彩色印刷有限公司
开　　本：710 毫米 ×1000 毫米　1/16
字　　数：176 千字
印　　张：13.75
版　　次：2018 年 2 月第 1 版
印　　次：2024 年 1 月第 3 次印刷
书　　号：ISBN 978-7-5168-1700-1
定　　价：49.80 元

前　言

真的有天生犯罪人吗？基因对于一个人是否会变成罪犯起着多大的作用？反社会人格又是怎么一回事儿？连环杀手扭曲的内心世界是如何形成的？本该温馨和睦的家庭中为何笼罩着暴力的阴影？作为家庭暴力的受害者又该如何自我保护？为什么性侵主要发生在熟人之间？男人也会成为性侵的受害者吗？化学阉割真的可以预防性犯罪吗？

如果您对这些问题感兴趣，不妨翻开这本书，一探究竟。犯罪心理学揭开的是一个幽深、阴暗的精神世界，透视这个世界，可以让我们了解罪犯的所思所想，他们内心的扭曲与挣扎，客观地看待犯罪和罪犯，同时也能提高我们的自我保护能力。

本书不是犯罪心理学的学术专著，也不是教科书，而是一本结合案例介绍犯罪心理学知识的通俗读物。通过一个个真实的案例以及作者深入浅出的分析，我们可以初步了解犯罪心理学这门学科，掌握基本的犯罪心理学知识。

本书涵盖了形形色色的犯罪，内容丰富，诸如凶杀、暴力犯罪、性犯罪、青少年犯罪、家庭暴力、精神病人犯罪等。犯罪是人类社会无法完全根除的痼疾，就像人类社会不能没有法律，有了法律就会有违法犯罪，否则法律也就失去了存在的依据。

在貌似平静的生活表面下，可能涌动着危险的暗流，犯罪的阴影或许就潜伏在我们的周围。如果我们不想成为犯罪活动的受害者，就要学会自我保护，正视犯罪，了解犯罪，其中的关键则是读懂罪犯的内心世界。学习犯罪心理学的意义恰在于此。

目 录

Criminal Psychology

第一章

罪恶始于斯——

生理与心理

长得不像好人——面相与犯罪

这故事听起来令人匪夷所思。

2015 年 6 月，重庆市九龙坡区发生一起被盗者反成盗贼的盗窃案，其中，面相学扮演了重要的角色。话说，在一间出租屋里，一对情侣王某和彭某与另外一位女士周某合租一套房子。一日，王某和彭某将苹果手机放在床头后睡觉，第二天醒来发现两部手机都不见了，同时不见的还有彭某的手提包。

小情侣在思考到底是谁偷了他们的财物，之后，王某认定是他们的室友周某，原因很简单：感觉她长得就不像好人。为了试探周某，小情侣故意将他们丢了手机和手提包的事情告诉了周某，周某没有料想这是一次小心翼翼的试探，立刻帮二人报了警。周某的热心之举非但没有换来感谢，还被王某、彭某二人怀疑为"做作"。

认定周某为窃贼之后，王某决定把她的手机偷走，一泄心头之愤。王某、彭某两人在商量决定盗窃之后，日夜观察周某的生活规律，持续几日，掌握了周某的生活作息时间后，王某趁周某洗澡时偷偷潜入周某房间，偷走了对方的苹果手机。得手后，王某将手机拿去变卖。周某发现手机被盗后，立刻报了警，警察调查发现，盗窃手机的人正是前几日号称丢手机的周某的两位室友。

遭遇窃贼反成窃贼的这对情侣不仅智商"感人"，逻辑思维能力更是"感人"。一个"她长得就不像好人"的念头就令他们动了偷窃报复之心，实在令人难以理解，又让人忍不住捧腹一笑。身兼被害者与施害者双重身份，这对情侣没有因受害获得同情，反而因自作聪明的施害成为一时笑柄。

有一点值得我们注意，就是王某的偷窃动机：她长得就不像好人。为什么一个人的长相可以成为判断他是否行凶作恶的依据？这里看似没有逻辑，其实有深厚的心理渊源。在电影电视剧中，我们总能看到那些"长得就不像好人"的反派人物，比如香港著名的"绿叶"演员"大傻"成奎安，因为他体形高大，一脸横肉，目露凶光，一度是黑帮片中江湖恶人的不二人选，但凡有嚣张跋扈的黑社会大佬出现的场面，总能看到"大傻"的身影。另一位著名"反派"则是"一直演坏人，从未被超越"的演员张耀扬，因为他"凶恶"的相貌太过深入人心，以至于"改邪归正"演好人时，观众都要怀疑他可能是坏人派来的卧底。

虽然人人都知道，坏人并不会将"我是坏人"写在额头上，更不会目露凶光、一脸狰狞地走来走去，生怕天下人不知道自己是坏蛋，但是人们刻板地认定，那些面相比较凶狠的人更容易站在"坏人"的队列里，而面容干净、斯文有礼的人，即使是衣冠禽兽，也会暂时地划入"好人"的队列里。

俗话说，相由心生，一个人的内心世界是否和相貌、气质有关呢？在犯罪心理学研究中，意大利犯罪学家龙勃罗梭在他的"天生犯罪人"论里提到过类似的观点。他研究犯罪人的解剖学、生理学和心理学的特征，找到了一些异常的体貌特征，比如他认为，犯罪人具有较大的下颌和颧骨，耳朵的大小与正常人不一样，窃贼的鼻子歪长着，鼻孔向上或扁平，杀人犯的鼻子则像鹰鼻或鼻子顶部肿胀，等等。

其实不只是西方犯罪学研究有这方面的论断，中国传统的面相分析更精于此道。重庆持枪抢劫案嫌犯周克华被击毙后，有人对他的面相做了一番细致的分析：他的骨感突出，颧骨略露骨，两腮无肉，腮骨有小外张；眉毛短、稀薄、眉尾不聚，明显的眉压眼；印堂塌陷，天庭不饱满……如此种种，决定了他性格急躁，心胸狭窄，做事冲动，有不服输的精神，但是无法聚敛财富，事业也不顺……

可是心理学家的研究显示，仅从外表分析面部表情等细节，并不能准确而全面地判断一个人的性格。基本上，当人们通过照片判断一个人是否聪明、凶狠或者急躁与否时，其猜测、分析的结果和蒙差不多。可以说，并没有实证证据表明某一部分的体貌特征与人的性格有直接的关系，对于相面大师头头是道的分析，我们大可一笑置之。想从面相上判断一个人是否具有犯罪的基因或者犯罪的过往，对目前的犯罪学家和心理学家来说，都是不可能的任务。

所谓"相由心生"这种事，不只来自当事人的心境，更来自观察者的心境。当有人说，"我看他第一眼就知道他是一个聪明干练的人"，"聪明干练"当然不止来自长相，还与穿着打扮、举手投足、音容笑貌有关，这些表现是能够反映人们性格的细节。会出现如此判断，自然与心理学的刻板印象有关。穿着整洁、正式，向人传达一种靠谱的信息，而那些面容严肃、不苟言笑的人，则给人领导者、指挥者的印象，这是基于较全面信息进行的判断。

如果单就五官来说，从外貌特征判断人的内在难免会受到偏见的影响。光环效应告诉我们，人们不自觉地对"颜值高"的人抱有好感，倾向于将善良、聪慧、勇敢等标签贴在他们身上，认为他们工作能力强，性格友好，对于颜值不高的人或者在相貌上存在缺陷的人，则抱有恶意的看法。上文提到的成奎安、张耀扬等人，无法摆脱反派角色，正是偏见作用的结果。戏剧是戏剧，现实是现实，如果照着戏剧的公式或者面相学的公式来寻找罪犯或者潜在罪犯，恐怕要滑天下之大稽了。

天生犯罪人——基因与犯罪

在美国的俄克拉荷马州有一对普通的夫妇——尼克·兰德里根和多特，他们在 1962 年收养了一个男婴，并为他取名杰弗里。多特是个十分负责的母亲，在照料孩子时十分细心，甚至到了溺爱的程度。除了杰弗里这个养子外，多特还有一个女儿。虽然杰弗里并不是多特的亲生儿子，但在两个孩子的教养上，多特却表现得一视同仁。

杰弗里在出生后不久就被亲生母亲抛弃在一所孤儿院门前，他对自己的亲生父母都毫无印象。不过可怜的杰弗里却在 8 个月大的时候，遇到了一对善良的夫妇，即兰德里根夫妇，他们愿意收养杰弗里。这意味着，杰弗里将来会在一个健康、幸福的家庭中长大。

随着杰弗里一天天长大，多特开始发现她的儿子是个天生的惹祸精。多特发现杰弗里的脾气非常暴躁，而且他似乎很难控制住自己的暴脾气，常常因为情绪失控而惹祸。到了杰弗里 10 岁左右时，多特发现她根本管不住这个孩子了。杰弗里小小年纪便开始喝酒，喝醉了就到处闹事。

有一次，杰弗里居然私闯民宅，在别人家里到处乱翻，甚至还企图撬开保险柜。不久后，杰弗里就被送进了警察局。由于杰弗里年纪尚轻，再加上是初犯，警察教育了他一番后，他就被父母领回了家。

这次的遭遇并没有让杰弗里有所收敛，他反而变得更加猖狂。去学校上课对杰弗里来说十分困难，他频繁地逃学。后来，杰弗里还沾染上了毒品。

为了买毒品，杰弗里开始偷车。杰弗里并不是一个懂得反侦查技术的熟练犯罪分子，他的犯罪行为基本上都是随心所欲，为此他总是被警察拘留。不过由于罪行较轻，杰弗里很快就会重新获得自由。

一次次的拘留，并未阻止杰弗里的越轨行为，他仿佛天生就是来犯罪的，总是到处找别人的麻烦。杰弗里有个好朋友，两人关系非常铁，他的朋友还曾表示希望杰弗里能担任他即将出世的儿子的教父。但在一次喝酒中，两人却意外发生了争吵，最后杰弗里拿出一把匕首，刺向了朋友的心脏部位。这次的犯罪行为相当严重，杰弗里因此被起诉，最后因为二级谋杀被关进了监狱。

按照法庭判决，杰弗里接下来的20年人生都将在监狱里度过。但一次意外发生了，不安分的杰弗里在被关押了7年后选择了越狱，而且，他居然成功了。

获得自由后，杰弗里便开始在街头游荡。如果那7年的监狱生活真的让杰弗里改过自新了，那么他完全可以过上正常的生活。但显然杰弗里并没有学会控制自己，他再一次和他人发生了争执，并采用了杀人的方式来泄愤。这一次，杰弗里并未一刀致命，而是将被害者用电线缠住，然后慢慢地用刀子在被害者身上制造伤口。当被害者被人发现的时候，他的身体布满了让人触目惊心的伤口。在杀死被害者后，杰弗里还故意把两张小丑牌扔到被害者的身上，似乎在嘲笑被害者。但显然，杰弗里并不是一个具有很强反侦查意识的罪犯，警方在案发现场找到了杰弗里的指纹。很快，杰弗里就被警察抓住了。这一次，杰弗里被判处死刑。

在等待执行死刑的时候，杰弗里在监狱里认识了一个人。这个犯人觉得杰弗里非常面熟，很像他曾经遇到的一个死刑犯。不过他万万没有想到，杰弗里和那个死刑犯的关系居然是亲生父子，当然只是生理学上的父子关系，两个人从未见过面。

杰弗里的生父是达雷尔·希尔。达雷尔与杰弗里虽然素未谋面，但却有着惊人相似的人生轨迹。达雷尔和杰弗里一样，好像天生就是来犯罪的，早早地就开始从事违法犯罪活动，同时还有毒瘾，也曾因杀人而入狱。最令人吃惊的是，达雷尔也有过越狱的行为。此外，达雷尔与杰弗里的长相也十分相似。

这种惊人的相似性让人不得不联想到基因和遗传。不过最令人吃惊的事情还在后面，达雷尔的父亲，即杰弗里的祖父老希尔也是个惯犯。老希尔死在了警察的枪口下，当时他因为抢劫而被警方追捕，最后被击毙。

这个案例似乎告诉我们，犯罪行为不仅仅是后天环境所造成的，还与人的基因密切相关。有些人似乎从一出生开始就携带着犯罪基因，也就是我们通常所说的天生犯罪人。老希尔和达雷尔成长的环境很糟糕。一个人如果从小生活在一个贫困且犯罪行为丛生的环境里，那么他长大后犯罪的概率将会大大增加。这种观点被许多人所接受，是一种十分常见的对犯罪行为追根溯源的解释。但杰弗里的案例显然证明了这种观点并不准确，他从小生活在一个富足、健康的家庭环境中，按理说他应该成长为一个遵纪守法的公民，但他却走上了和生父、祖父一样的犯罪道路。这似乎在说明，一个人到底是否会犯罪，在一定程度上取决于他的基因。

人是群居动物，于是便出现了人类社会。人类社会是一个整体，而这个整体是由许许多多的个体所组成的。身为群居动物，我们每一个个体会受到群体的保护，以免遭外敌的伤害，但同时我们每个人必须遵守这个群体的规则，这样人类社会才能有序地发展下去。绝大多数人都会选择遵守规则，不会轻易向规则挑战，不然就一定会付出代价。但总有一些人会触犯规则，这些人通常都是犯罪分子，他们会被关进监狱，甚至接受法律的制裁被处死。

对于研究犯罪行为的专家来说，许多人都认为犯罪行为与遗传基因并没有必然联系，也就是说根本没有所谓的"天生犯罪人"。许多专家都认为环境因素才是导致犯罪的根源所在。

与其他动物不同，人具有很强的可塑性。这种可塑性主要体现在大脑的发育上，人在出生后很长一段时间内，他的大脑会继续发育。这意味着人从出生开始，就被周遭的环境所影响。如果一个人的早年生活十分贫困且充满了暴力，那么他就会变得非常容易愤怒和冲动。

不过我们同时也会发现，在相同环境下长大的孩子却有着不同的性格。这说明，环境并不具备决定性的作用。就好像上述案例中，多特有一对儿女，这两个孩子在相同的家庭环境下长大，但杰弗里却走上了犯罪的道路。

在一项研究中，研究者找到了好几个被收养长大的孩子。这些孩子都有一个共同的特点，即亲生父亲有犯罪记录，但养父母却身家清白。研究者想知道，当这些孩子长大后，他们的人生轨迹是与亲生父亲更接近，还是与养父母更接近？研究的结果证明，养育环境在基因面前败下阵来。这些孩子在长大后，走上犯罪道路的可能性很大。相反，如果亲生父母身家清白，被遗弃的孩子长大后一般不会走上犯罪的道路。

在 20 世纪 80 年代末 90 年代初，一群荷兰女性发现，她们家族中的男性很容易走上犯罪道路，这些男性不仅有学习障碍，还有很强的攻击性，不少男性会成为纵火犯、强奸犯或杀人犯。

遗传学家汉斯·布鲁纳对这种现象很感兴趣，便开始着手研究。1993 年，布鲁纳公布了研究结果，这个家族遗传性的犯罪行为，与一个基因的变异有着密切的联系。这个变异的基因位于 X 染色体上，他还为这个变异基因取了一个代号，即 MAOA。这个研究结果在当时引起了不小的轰动，这说明人类的攻击行为与基因有着密切的关系。有些家族的男性之所以一直延续犯罪行为，就与 MAOA 有关。后来，记者安·吉布森将这种基因称为"战士基因"。

随着研究的深入，佛罗里达州立大学的凯文·比弗将 MAOA 进行了细分，即 MAOA-L 和 MAOA-H。其中，MAOA-L 不怎么活跃，呈现出惰性的特质；而 MAOA-H 则比较活跃。

拥有 MAOA-L 基因的人，很容易出现焦虑、赌博、吸烟、酗酒、注意力薄弱、厌食等行为，很容易出现攻击行为，特别是拥有此种基因的男性更容易出现犯罪行为，很可能成为犯罪团伙的一分子，还喜欢携带武器。

拥有 MAOA-H 基因的人，则更爱冒风险，容易从事高风险的经济行为。

由此看来，拥有战士基因的人就是所谓的天生犯罪人。那么这是不是意味着，天生犯罪人生下来就注定会犯罪，应该从一出生就被关进监狱里？当然不。例如《天生变态狂》的作者詹姆斯·法隆就是一个拥有战士基因的人，他也是犯罪家族的一分子，祖上的专长就是暴力犯罪。但法隆却并未成为一个犯罪人，他是一位著名的神经科学家，有着美满的家庭和事业。在这本书中，法隆提到了后天教养的重要性，他认为像他这样的天生犯罪人之所以没有走上违法犯罪的道路，与父母所提供的成长环境有着十分密切的关系，他从小生活在一个健康、幸福的家庭中。

那么为什么杰弗里会走上和法隆完全不同的人生道路呢？除了杰弗里外，还有许多像杰弗里一样的人，其生父是犯罪分子，虽然他们被正常的家庭收养，但依旧走上了和生父一样的犯罪道路，应该如何解释这种现象呢？真的是基因在起作用吗？可能有基因的影响，但并不完全是。因为许多人忽略了产前环境的影响，即这些天生犯罪人在母亲子宫里所受到的影响。

通常情况下，一个胎儿必须在母亲子宫里待上 10 个月才能呱呱落地。这是所有人最舒适的一段时光，尽管这个时候还没有记忆，因为母亲的子宫为胎儿提供了一个安全、舒适的环境。但是，对于所有人来说都是如此吗？

如果遇到不负责的母亲呢？通常来说，天生犯罪人的父母都有犯罪经历。这意味着他们的母亲在怀孕期间，不仅很难保持健康的饮食习惯，甚至还存在抽烟、喝酒和吸毒的行为，这些都会严重影响胎儿的发育，尤其是胎儿大脑的发育。因此，在这些天生犯罪人出生后，即使他们被正常的家庭收养，他们的大脑已经与正常的婴儿不同了。虽然每个人在母亲子宫里只待10个月，但这10个月的影响却是巨大且深远的，尤其是大脑生理上的损害，是无法通过后天的努力来弥补的。

总之，基因与环境在犯罪行为中起到的作用是非常复杂的，不能简单地说犯罪行为是基因决定的，还是环境决定的。准确地说，犯罪行为是这两者交互作用的产物。

失控的大脑——酒精、毒品与犯罪

2016 年 4 月 16 日，山东省潍坊市的一名市民在寒亭区的一条河里发现了人类尸体的碎块，于是便立刻报警。警方马上展开侦查，经过一番努力后，认定这是一起母女被杀案。随着河里所发现的人体尸块越来越多，当地居民开始人心惶惶。因此，这起性质恶劣的谋杀案引起了省、市、区三级公安机关的高度重视，还成立了"4·16"专案组。

专案组为了能尽快破案，开始了大范围的排查工作。根据发现尸体的地点，专案组确定了 19 个村庄，认为嫌疑人应该就在其中。在排查工作进行过程中，专案组的其他成员还调取了尸体发现地周围的监控视频，以寻找可疑人员和车辆。当然，验尸的工作也是必不可少的。此外，专案组还向全国发布了"协查通报"和通缉令，并利用微信、微博等网络媒体来寻找可疑人员。如果有人能向警方提供有价值的线索，那么将会得到现金奖励。其中，提供受害者身份的奖励人民币 5 万元，提供与犯罪嫌疑人相关的重要线索的将会获得 10 万元人民币的奖励。

5 月 21 日，警方终于确定了死者的身份。死者是一对母女，母亲 44 岁，女儿 17 岁。很快，犯罪嫌疑人的身份也被锁定，是一名 48 岁的中年男子王某。虽然尸体的碎块是在潍坊市发现的，但犯罪嫌疑人却已经逃到了陕西省渭南市。5 月 23 日的凌晨时分，专案组的警察在一间出租屋内抓住了王某。

王某与年龄较大的死者是情人的关系，二人在 2015 年开始同居，以合伙包揽建筑零活为生。到了次年 3 月份，王某与死者之间的关系开始恶化，两人经常发生矛盾和争吵，于是就选择了分居。4 月 5 日晚上，王某喝了不少酒，醉醺醺地去找死者母女，并与其发生了争吵。这场争吵毫无意外地演变成了打斗，最终王某杀死了这对母女。在稍微清醒后，王某就开始琢磨怎么处理尸体。他将两名死者的尸体进行了肢解，然后选择晚上到人烟稀少的地方，将死者的尸块和衣物都抛到河里。为了躲避警察的追查，王某开始了逃亡，先是在山东省的其他城市逗留，后来又觉得不安全，就逃到了陕西省渭南市等地。

这是一起酗酒后冲动犯罪的典型案例。酒在我们的日常生活中十分常见，只要有钱，就可以买到。但酒里面所含的酒精却是一种药物，能对人的生理和心理产生影响。虽然酒精从药理上来讲，是一种镇静剂，却可以使人产生兴奋的感觉，醉酒状态下的人也会变得更加冲动。

在不同的文化中，酒这种东西都是社交的润滑剂，有利于人们进行人际交往，还能够使人变得快乐起来。但如果过度饮酒，却容易出现各种越轨行为。其中，酒后驾驶是比较常见的一种越轨行为，会给自己和他人的人身安全带来严重的危险。每年因为酒驾而丧生的人不在少数。

不少人在醉酒时还会出现各种不检点的行为。例如，有的人会在醉酒时冒犯警察。2015 年的某天，新疆一名男子因酒驾被查，结果他做出了强吻交警并大喊"我爱你们"的令人大跌眼镜的行为。

酗酒还有一个更为严重的后果，即暴力行为。不少人会在醉酒状态下参与打架斗殴，有的人甚至会暴力杀人。一项实验研究发现，在日常生活中好斗的人，常常会在醉酒状态下变得更加具有攻击性。

除了酒精外，毒品也会使人出现犯罪行为。2012 年 5 月份，美国迈阿密的警方接到了报警电话，一名男子在一条车流密集的高速公路上做出了十分疯狂的举动，他攻击了一名流浪汉，并开始啃噬这名流浪汉的脸部皮肉，当警方将其击毙时，那名流浪汉的脸已经变得血肉模糊，脸上将近80%的皮肉都被这名男子啃掉了。该男子为什么会出现这种疯狂的行为呢？他是精神病患者吗？实际上，他是个很正常的人，之所以会出现这种异常的行为，是因为他吸食了一种被称为"浴盐"的毒品。

浴盐是一种比较廉价的毒品，同时也是一种合成药物，含有不断变化的化学物质，学名为甲卡西酮。浴盐之所以很便宜，是因为它的制作过程十分简单，理论上一名理工科大学化工专业的学生就可以很轻松地制作出浴盐。

浴盐是一种兴奋剂，可以轻易地使人的中枢神经系统兴奋起来，还会使人大脑中的多巴胺和去甲肾上腺素水平得以提高。凡是吸食浴盐的人，他的精神状态都会改变，会出现狂躁、妄想和暴力等行为。浴盐会使人变得极其兴奋，作用是可卡因的13倍。

浴盐虽然廉价，但所起的作用却十分恐怖。当一个人所吸食的浴盐达到一定剂量后，除了会出现心率剧增、瞳孔扩散等症状外，还会行为失控，沉迷于暴力行为，有时会攻击他人，有时会出现自残行为。这种因浴盐所引发的暴力行为在正常人看起来十分恐怖。因为当一名吸食浴盐的人攻击他人时，会采取类似野兽的方式，直接啃咬对方，就好像电影中的丧尸一样，因此浴盐还被称为"丧尸剂"。吸食者的自残行为尤为可怖，有的人甚至会割开自己的脖子，然后会在死亡前行走或跳跃。这是因为吸食者已经完全陷入了自己的幻想之中，其知觉能力在浴盐的作用下已经大大削弱。此外，吸食者还会出现短期记忆的消失。

最关键的是，在浴盐的作用下，他的力量会大大增加，整个人变得极其疯狂，完全失去控制。2011年，在美国的佛罗里达州曾出现过多起因为吸食浴盐而引发的暴力事件。警方在处理此类事件时，往往会采取击毙的极端方式，因为想要制服一名浴盐吸食者，必须得有至少4个人的合力。

浴盐的吸食者想要恢复正常状态，必须得借助麻醉剂，就连镇静剂都无法使其安静下来。即使恢复了正常，浴盐对其所产生的生理和心理上的影响也会长达数月，才能渐渐消退。

毒品的种类有很多，除了浴盐外，常见的主要有摇头丸、大麻、致幻剂和阿片类毒品，其中阿片毒品包括鸦片、吗啡、海洛因等，这些都是从罂粟中提取出来的。除了这些阿片类毒品之外，还有十分常见的合成阿片类药物，例如美沙酮。在这些常见的毒品种类中，致幻剂和大麻是备受争议的。

在国际上，会把毒品分为两大类，即软毒品和硬毒品。软毒品具有一定的致幻作用，会使人产生依赖，但依赖性较低，其中致幻剂和大麻是典型的软毒品，在戒断时比硬毒品容易。在有些国家，致幻剂和大麻是合法的。例如在荷兰，大麻就是一种合法的药物。

虽然软毒品的成瘾性较低，但如果长期吸食，依旧会出现强烈的成瘾性，一旦戒断，就会出现烦躁、焦虑等各种不良的体验。此外，软毒品和硬毒品一样都会给人的大脑带来损伤，会使人的记忆力、注意力和学习能力降低，还会引起大脑功能的紊乱。这种危害对于年龄较小的吸食者来说会更大。青少年染上毒品后，大脑发育会受到严重的阻碍。青春期是一个发育的高峰期，除了第二性征外，脑部的发育也很重要，其中影响一个人的自控力的额叶皮层就是在这个时期发育并成熟的。此外，精神病研究专家认为，一个人越早染上毒品，他患上精神病的风险就会越高。

性格决定犯罪——人格与犯罪

1988 年 5 月 26 日，甘肃省白银市发生了一起命案，死者是一名年轻的女性，名叫白某，遇害地点是死者家中。白某是当地一家公司的职员，就住在公司安排的职工宿舍里。案发现场显得十分混乱，柜子里的东西有被人翻动的迹象，不过并未发现财物丢失。白某的颈部被凶手切开，身上还有许多刀伤，上衣被推至双乳之上，下身赤裸。但尸检结果显示，白某有被猥亵的迹象，但并未遭受性侵。警方认为，凶手可能想实施性侵，但碍于作案地点人流量较大，便只能放弃。

白某可能永远也想不到自己会在家中遇害，这里是她最熟悉的场所，也是她觉得最安全的地方，而且她的哥哥和妈妈就住在离她不远的一间房里。案发时，正是午休的时候，也是人流量较小且十分安静的时候，如果白某能及时呼救，她的哥哥和妈妈一定会赶来营救，但凶手根本没给白某求救的机会，就切断了她的声带。

警方还发现，凶手还特意清理了现场，地上虽然有凶手的足迹，但很模糊。案发现场的地上还有一个痰盂，里面是血水，凶手在离开前将暖瓶里的水倒进痰盂洗了洗手。此外，地面上还扔着一件红色的衣服，那是白某准备洗的衣服。不过，凶手却在白某的尸体上留下了线索，白某的左腿内侧有一个血手印，这是凶手的右手，其中食指的指纹尤其清晰。

谁也没有想到，这起命案只是一系列连环杀人案的开始，在此后的 14 年间，当地相继有 11 名女性被神秘的凶手杀害，这在白银市引起了不小的恐慌。对于年轻女性来说，这个杀人魔就是个噩梦，她们不敢独自出门，也不敢穿漂亮的衣服，尤其是红色的衣服，因为据说凶手偏爱找穿红色衣服的年轻女性下手。

在多起命案中，警方找到了一些相似性。所有被害者都是女性，年龄主要集中在 25 岁到 30 岁之间，而且都是年轻漂亮的女性。被害者的尸体也都呈现出某些共同点：颈部被刀切开、全身多处刀伤、双乳裸露、下身赤裸。有的被害者尸体甚至是残缺的，凶手有时会切掉并拿走被害者的双乳、双手或阴部。

不过也有一个例外，凶手还杀死了一名 8 岁的女孩，这名女孩的乳名叫苗苗。1998 年 7 月 30 日下午 5 点多，苗苗的妈妈下班回家，但并未发现苗苗，她以为苗苗出去玩了，于是就开始做饭。

做好饭后，苗苗的妈妈意外发现大衣柜被人打开了一条缝。她并没有多想，只觉得这是苗苗喜欢玩的游戏，就上前打开柜子。结果，她发现柜子里面很乱，而苗苗则窝在衣服里，于是她将衣服抱了出来，然后再去抱苗苗，此时她才觉得不对劲，苗苗毫无反应，而且身子已经发凉。

苗苗的颈部有一条勒痕，应该是被凶手用皮带勒死的。最让人心惊的是，苗苗的下半身赤裸，阴部被撕裂，明显遭受了性侵，而且法医还从苗苗的体内提取到了精子。

在案发现场，桌子上还有一杯水，杯子上留有指纹。这杯水到底是谁倒的，没有人知道，可能是苗苗倒的，也可能是凶手倒的，从而伪装成是熟人作案。

这起女童奸杀案在当地引起了不小的轰动，警方出动了大量警力，公安局领导也都出现在案发现场。虽然四周已经拉起了警戒线，但现场还是围了不少职工和家属，希望了解案情的进展。

在 1998 年这一年，凶手作案越来越频繁，仅仅这一年，白银市就发生了 4 起命案。白银市的市民都生活在恐惧之中，为了避免悲剧的再次发生，白银市加大警力进行巡逻。除了警察外，武警和治安人员，甚至连社区大妈也加入到巡逻的队伍之中。巡逻队伍按照三班倒的值班方式，对白银市的各个街道进行 24 小时的巡逻。

在之后的两年内，凶手并未作案。但在 2000 年 11 月份，白银市的宁静再次被打破，一名 28 岁的女性在家中被害，她的颈部被切开，双手被凶手切掉带走，裤子被推至膝盖下。

之后的 2001 年和 2002 年分别发生了一起命案，而发生在 2002 年的最后一起命案的地点是宾馆，这与凶手喜欢选择在被害者家中作案不一样。凶手之所以会选择在宾馆作案，与警方的 24 小时巡逻有很大的关系。

凶手应该是个很有耐心的人，因为除了最后一名被害者，其他被害者都死在了自己家中。房间并未留下撬开的痕迹，凶手应该是直接从正门进入房间的。这说明凶手在作案前，已经对被害者进行了踩点、蹲守和尾随。最关键的是，所有在家中遇害的被害者居住的房子都有一个共同的特点，即没有自来水和厕所。被害者想要用水或如厕，就必须得出门到公共水房和公共厕所，这给了凶手以可乘之机。

2002 年，在当地警方进行排查工作的时候，突然发现了一起未遂的案件，这名女性是所有被凶手盯上的女性中唯一的幸存者。

这位幸存者是一个工人，在 2001 年的春节期间，这名女工在下夜班后准备回家。途中，该女工发现有一个男人在跟踪她，随即提高了警惕，匆匆往家中赶去，在她准备开门进去的时候，这名男人紧跟着就准备进屋。此时，该女工立刻觉得眼前的这名男子就是传说中的杀人魔，她趁对方还没反应过来就将他推了出去，然后将房门紧紧锁住。

但那名男子并未马上离开。此时该女工十分害怕，在她心绪稍稍平静时，突然在窗口处发现了那名男子，他正冲着她笑，这让女工更加害怕，她立刻给丈夫打电话求救。女工的丈夫很快就回来了。

男子依旧没有离开，在丈夫进门后，他还是在窗前来回地徘徊。这对夫妻感到越来越恐惧，便拨打了报警电话。警察立刻赶来，但那名男子已经离开了。途中，警察遇到了一个可疑的男人，但当时并未在意。等到达报警人的家中，听报警人描述完此人的外貌特征后，警察才突然想起了那个与他们擦肩而过的男人，并觉得那个男人就是犯罪嫌疑人。

第二天，警察便在附近寻找犯罪嫌疑人，但找了一天多的时间，都未发现此人的踪影。这让警察更加怀疑，于是警方便增加警力进行排查，但依旧毫无线索，那个人就好像人间蒸发了一样。

随着时间的推移，警方掌握了一项高科技刑侦技术，即DNA检测。通过检测和比对，警方发现城河村的高氏家族有重大作案嫌疑。为了确定犯罪嫌疑人，警方便开始对高氏家族的每一个成员进行指纹录入和DNA比对。在提取工作进行的时候，一个名叫高承勇的中年男子表现得非常慌张。事实上，此人便是让整个白银市惶惶不安的杀人狂魔。最终，指纹和DNA比对的结果证实高承勇就是凶手。至此，尘封了十几年之久的连环杀人案终于告破。

高承勇所选择的作案地点都是白银市，但他本人却是清河镇人。虽然清河镇和白银市相距很近，但从行政归属上来讲却属于两个不同的地级市。高承勇每次作案后，都会回到清河镇。而警方在进行排查工作时，主要以白银市的居住人口为主。这是高承勇得以逍遥法外的重要原因之一。

高承勇是个十分普通的农民，看起来很老实，很难让人将他与杀人狂魔联系起来。认识高承勇的人，也都不相信他就是杀人狂魔。高承勇有一个美满的家庭，他的两个儿子也很争气，尤其是大儿子，学习成绩一直非常优异。

了解高承勇的人，都觉得他是个干农活的好手，力气很大，没有什么兴趣爱好，只喜欢跳舞，是舞厅的常客。高承勇还曾参与过赌博，最多一次输过一万多。但高承勇却从来不赊欠赌债，在赌博的时候，对手很难从他的面部表情上看到异常的变化。

高承勇的妻子是个非常普通的中年妇女，对丈夫杀人的事情一无所知。最让人不解的是，高承勇的妻子在穿着上很少会选择红色这样艳丽的颜色。据说，当年她嫁给高承勇之前，曾遭到了父亲的反对，但她就是看上了高承勇的老实本分，执意嫁给高承勇。

在高家，高承勇排行是最小的，他的母亲很早就去世了。在高承勇结婚后不久，他瘫痪在床的父亲突然离世。由于高承勇不善言辞，家产都被大哥分走。在两个儿子相继出生后，高承勇常常会外出打工，夫妻二人一直都是聚少离多。其实在这期间，高承勇一直在不停地杀人。尤其是当高承勇与妻子争吵后，他杀人的冲动就会愈发强烈。

只要有空闲的时间，高承勇就会骑着自行车来到白银市，然后再到街巷间四处寻找独自一人的年轻女性。高承勇在下手前，都会在公共厕所附近观察，然后再尾随被害者回屋。进入房间后，高承勇会迅速地用刀切开对方的脖子，随后对被害者实施性侵。有时，高承勇会切割掉被害者身体的某一部位，在把玩一番后，随手丢到黄河里。

一个人为什么会变成杀人狂魔？一个看起来普通老实的人为什么会残忍地杀害那么多年轻的女性，甚至连 8 岁的小女孩都不放过？犯罪心理专家认为，这与人的个性和人格密切相关。

人格是心理学上一个重要的研究课题，与一个人的思想、情感和行为模式密切相关。人格具有一定的一致性和连续性，俗话说"江山易改本性难移"，其实就是在说我们每一个人的人格通常都不会轻易改变。除了上述两种特性外，人格还具有一定的可塑性。也就是说，一个人的人格并不是一成不变的，会随着外界环境的改变而变化。例如，当一个人遭遇人生中的重大事件后，其性格特点可能会有所改变。

影响一个人人格形成和发展的因素主要有两个。第一个便是与生俱来的气质。这种气质是心理学上的概念，并无好坏之分。气质这个概念是由古罗马医学家盖伦提出的，主要分为四种，即多血质、粘液质、胆汁质和抑郁质。第二个因素便是外界的影响。如果一个人是在被忽视、虐待或放纵的环境中长大，那么他的人格极易朝着不正常的方向发展。

我们在形容一个人的人格特点时，都会使用类似乐观、消极等词语。那么什么样的人格特点更容易走上犯罪道路呢？犯罪专家认为如果一个人具有冲动、攻击性等人格特点，那么就很容易出现犯罪行为。此外，如果一个人具有反社会人格障碍，也很容易出现犯罪行为。

养出来的恶魔——后天教养与犯罪

卡尔顿·加里是一个连环杀手，专找年长的女性下手，作案时常常会殴打和性侵被害者，最后用丝袜勒住被害者的脖子让其窒息而死。除了杀人外，卡尔顿私下里还从事着毒品交易和拉皮条等非法活动。

但在卡尔顿被捕之前，谁也不会想到他居然是一个可怕的连环杀手。卡尔顿有着不错的外形，在电视台有一份收入颇丰的工作，他还有一个年轻漂亮的女朋友。此外，卡尔顿还是个很孝顺的人，一有空闲就会去照顾自己的姨妈。

最终，卡尔顿还是被抓住了，并被关进监狱。但卡尔顿似乎并不认命，一直在找机会越狱。终于他成功了，不过在从高墙上跳下来的时候不小心弄伤了脚踝。卡尔顿便装作一个普通人到一家诊所治疗。像卡尔顿这样危险的犯人，警方是不可能放任他在监狱外游荡的，于是很快卡尔顿便再次被抓住。不过卡尔顿的脑子很够用，他的智商很高，再一次成功越狱。警方想尽办法终于又将卡尔顿送进了监狱。像卡尔顿这样的人，他完全可以避免犯罪，过上自己想要的生活，但为什么他会成为一名连环杀手呢？这与他早年的生活经历是分不开的。

卡尔顿有一对不负责的父母。从出生起，一直到 12 岁，卡尔顿从未与父亲见过面，显然他的父亲并不想承担养育卡尔顿的责任。那么卡尔顿的母亲呢？同样不想负责，在卡尔顿出生后，他的母亲就不止一次地想要遗弃他。

因此，卡尔顿从小就像一个皮球，被亲戚们踢来踢去，不停地在亲戚和母亲的熟人家轮流居住。这样的成长环境根本无法让卡尔顿拥有安全感，最糟糕的是卡尔顿还经常饿肚子。或许正是因为对母亲的憎恨，才导致他长大后总是找年长的女性下手。

每一个人都有不同的心理历程。犯罪专家在研究连环杀手时，通常倾向于从杀手的童年经历入手，并且认为杀手的童年都是不幸的，因为杀手不可能在一朝一夕之间成为杀人魔鬼。

童年时期的创伤主要有两种，一种是肉体上的，一些人会在童年时遭受虐待。另一种则是心理上的创伤，这种创伤同样是致命的。对于一个人来说，一个完整的幸福家庭非常重要，他会从父母那里获得爱和被爱的能力。与同龄人的相处也十分重要，尤其是对于青春期的孩子来说。

当然也不是所有在早年遭遇创伤的人都会走上犯罪的道路，但家庭的因素的确起着巨大的作用。研究显示，如果一个人无法在一个安全稳定的教养环境下长大，那么他将来犯罪的可能性将会达到20%。更糟糕的是，如果此人的生理尤其是大脑方面再出现某些异常，哪怕这种异常非常细微，那么此人走向犯罪的可能性将会达到70%。也就是说生理的异常再加上糟糕的后天教养环境，会使一个人的犯罪倾向大大增加。

威斯康星大学的著名心理学家哈里·哈洛曾经进行过一项著名的恒河猴实验。实验结果说明了母亲对一个人成长的重要性，在一个人成长的过程中，除了食物外，母爱也十分重要。

最初，哈洛研究的主要内容是猴子的智商。但在实验开始后不久，哈洛就发现了一个有趣的现象。那些被他饲养在笼子里并与母亲和同类早早就隔离开的幼猴，对地板上的绒布有着极强的依恋心理。幼猴不仅会躺在绒布上，还会紧紧地抓住绒布。实验人员为幼猴清理笼子时，如果将绒布拿走，幼猴就会表现出极强的攻击性。

按照当时的心理学观点，这种现象是无法解释的。因为当时的许多心理学专家都认为人的需求是逐渐增加的，只有在满足了饥渴这样的生理需求后，我们才会产生爱等更高的需求。既然如此，那么幼猴为什么会那么依恋绒布呢？哈洛对这种现象很有兴趣，便设计了一项新的实验。

哈洛制作了两个不同的"母猴"，代替真正的母猴喂养幼猴，也被称为"代母"。其中一个代母是由铁丝制成的，胸前有一个可以提供奶水的装置；另一个代母是绒布制成的，十分柔软，但却不能提供奶水。

当哈洛将幼猴和这两个代母关在同一个笼子里后，神奇的一幕发生了。幼猴们会整天与绒布代母待在一起，只有在感到饥饿时才会到铁丝代母那里喝奶，随后便很快回到绒布代母身边，并紧紧地拥抱它。

在另一项实验中，哈洛将一部分幼猴与绒布代母隔离开，然后让两组猴子听一种奇怪的声音，还往它们的笼子里放入了一个巨大的玩具。面对同一种情景，两组猴子分别有不同的表现。

和绒布代母待在一起的幼猴，会立刻紧紧地抓住绒布代母，然后趴在它的身上，慢慢地幼猴的情绪就会渐渐平复，因为它从绒布代母那里获得了安全感。相反，另一组的幼猴却十分痛苦，好像瘫在地上一样，不停地抓挠和撞击自己，还伴随着凄厉的尖叫。

在另一项实验中，哈洛将幼猴分成了两组。这两组幼猴的成长环境十分相似，都有充足的奶水和干净的环境。但其中一组幼猴能接触到妈妈，会体验到呵护感和抚摸感，另一组的幼猴则没有这种机会。结果，两组幼猴分别出现了不同的行为表现。对于没有母爱的幼猴而言，这段早年的成长经历给它们带来了长期的伤害，直接影响到它们与其他猴子之间的正常社会交往。

进化心理学告诉我们，在人类还在荒野中求生存时，形成了各种各样的需求，这种需求可以帮助我们生存下去并不断繁衍。现如今，人类的生活环境已经大大改变，但这种需求却并未改变，仍然会影响我们的主观感受，比如母爱。在早期人类社会，如果一个婴儿离开了母亲，那么他生存的概率将会大大降低。婴儿只有依靠母亲才能生存下去，于是衍生出了母爱。这种母爱是相互的，既有母亲对婴儿的关心和照料，也有婴儿对母亲的依恋。于是母爱便成了一种不可或缺的心理需求。现如今的社会，即使一个婴儿离开了母亲，依旧能磕磕绊绊地长大，但是在成长的过程中却因为没有得到母爱，其心理有可能会发生一定的扭曲，造成人格的病态。有的人甚至会成为连环杀手一样的恶魔。

Criminal Psychology

第二章

无法承受之重——

暴力犯罪

打！打！打劫！——抢劫犯罪

2004年4月22日中午12点左右，重庆市某酒店的出纳和会计到一家银行取款，很不幸这两名女性被歹徒盯上了，一名持枪歹徒胁迫二人交出现金17万元，然后逃之夭夭。这起抢劫案件十分恶劣，除了财产损失外，歹徒开枪打死一名女性，打伤一名女性。

一年后，重庆市再次发生了一起类似的抢劫案。一对夫妇在取钱的时候被一名持枪歹徒盯上了，夫妇二人被当场打死，取出的现金也被歹徒抢走。由于枪声惊动了一位过路男子，歹徒便向该男子射击，所幸该男子只是受了枪伤，并无性命之忧。之后的几年内，重庆市都未再出现过类似的抢劫案。

2012年8月10日上午9点34分，重庆市再次发生了一起抢劫杀人案。在一家中国银行储蓄所门前，歹徒开枪打死1人，打伤2人，抢走了被害者的挎包，然后匆匆逃离案发现场。被歹徒打伤的2人很快被送进医院抢救，其中一名重伤者在8月16日凌晨被确诊为脑死亡，到了22日中午出现了多器官衰竭的现象，最终因为抢救无效而死亡。

在歹徒逃跑的过程中，警方一直在全力进行抓捕。在案发当天的中午3点左右，有人在一片草丛中发现了一名警察的尸体，这名警察身中3枪而亡。

经过当地警方的努力，犯罪嫌疑人的身份终于确认了，他的名字叫周克华，是重庆人，虽会说普通话，但带着重庆口音。

其实，周克华曾经在云南省宣威市火车站因携带枪支被捕。当时，周克华正在候车室等待着从昆明开往重庆的火车，在火车快要进站时，当地警方正好对旅客随身携带的物品进行检查，结果发现周克华的右侧腰上别着一把枪。周克华立刻被带走了，这个过程中周克华表现得很配合，没有逃跑，也没有袭击警察。最终，周克华因为非法运输枪支被定罪，并被判处有期徒刑3 年。2008 年 4 月，周克华出狱。

在出狱后差不多一年时，周克华便制造了一起枪击案。他携枪袭击了成都军区驻渝部队十七团营房门口的站岗士兵，这名站岗士兵只有 18 岁，被周克华一枪打死。随后赶来查看的哨兵也被周克华打了一枪。接下来，周克华便逃走了。当时警方并未将这起枪击案与之前的几起抢劫案联系起来，只是将该案件定性为恐怖袭击，就连特种兵也参与到了追捕恐怖分子的行动中，在重庆市展开了地毯式的搜查。

之后的几年内，周克华便不再在重庆市作案，而是把作案地点转移到了长沙，他在长沙制造了多起抢劫杀人案。2012 年 1 月 6 日，周克华出现在江苏省南京市的一家农业银行，并尾随着一名男性，该男性是某公司的职员，来银行是为了提款。周克华在开枪打死该男子后，抢走了他取出来的 19.99万元现金。

在 2012 年 8 月 10 日的重庆抢劫案发生后不久，当地警方便发出了通缉令和悬赏令。不久后，警方接到了一名重要目击证人所提供的线索，这是一位摩的司机，名叫罗大军，他曾在案发地载过一名可疑的男子。

当时，罗大军正和朋友聊天，一名男子跑来问他到新桥多少钱，罗大军随口说 5 元。罗大军注意到该男子拎着一个看起来很沉的黑色袋子，脸色有些发白，神情也不对劲。不过，罗大军还是接下了这单生意。在开车时，罗大军接了一个电话。该男子对他说，开车的时候不要打电话，要注意安全。到了新桥后，该男子就下车了，给了罗大军 5 元钱，然后匆匆离开了。

警方为了确认罗大军提到的人到底是不是周克华，给他看了周克华的照片，罗大军认为照片上的人与他在抢劫案发生当天遇到的人很相似。最关键的是，罗大军的通话记录显示，他那天接电话的时间是 9 点 39 分，距抢劫案发生只有 5 分钟。

8 月 11 日，警方在重庆市沙坪坝区歌乐山发现了周克华的踪迹。原来，周克华曾藏身在一处十分隐蔽的山洞里。该山洞的洞口被蜘蛛网和杂草覆盖着，山洞不怎么高，成人无法在其中直立。警方只在山洞里发现了一件破烂的成人短袖衫、两个烟盒和被剥皮的电线以及新鲜的排泄物。很显然，不久前周克华就曾在该山洞里藏身，只是已经逃走了。

8 月 14 日，警方在重庆沙坪坝区覃家港镇童家桥村莴笋沟背后一家皮鞋厂发现了周克华，并在此地布下了一张天罗地网。凌晨时分，周克华出现在一个胡同内，他发现了尾随在他身后的两名警察，并径直朝着两名警察走过去，拿出枪向两名警察射击。两名警察迅速躲在电线杆后找掩护，并朝周克华开枪，最终周克华被当场击毙。

这样一个抢劫杀人的恶魔，有着怎样的人生经历？ 1970 年 2 月 6 日，周克华出生在重庆一个贫困的农村。虽然周克华的童年是在贫困中度过的，但却并未因贫困而受到歧视，在当时几乎所有的农民都非常贫困，并不存在攀比的情况。在村里，周克华的家庭状况还算不错，他的父亲是个回乡知青，是村里少见的文化人，在生产队当过多年的会计。

和村里的同龄人比起来，周克华是个很特殊的孩子。周克华非常内向，不喜欢和同龄人嬉戏玩耍，人们总是能看到他孤零零的身影。但周克华在学校运动会上却出尽风头，他很喜欢锻炼身体，尤其喜欢游泳，而且游得很好。村里面许多小孩子都非常羡慕周克华的游泳技术，周克华也经常和同龄人一起到河里游泳和抓螃蟹。

周克华的父亲周正喜也是个不爱与人交往的人，他们父子二人的性情十分相像，在干活时不与他人搭伙，就连红白喜事这样的大事也不参与。不过，周氏父子在干活上却是好手，尤其是周克华，在干活时总是很积极，关键是他力气非常大。

在当时，挖沙对于当地农民来说是个不错的活计，只要肯出力气就能挣着钱。因此，挖沙也成了周克华等人的谋生之道。后来，挖沙业务被人承包下来，当地村民的财路断了，便只能到城市里寻找挣钱的机会。

周克华在 26 岁时结婚，之后就搬到一个小镇上居住，从此便很少回家。村里人也很少能打听到周克华的消息，就连周克华的母亲也不知道他的情况，她只知道儿子在外面打工，完全不知道周克华犯下的累累罪行。

抢劫犯有专业和业余之分。专业抢劫犯的反侦查能力很强，通常情况下很难落网。而且专业抢劫犯将抢劫当作自己的工作去做，不会做抢劫以外的其他工作。此外，专业抢劫犯通常都是团伙作案。

上述案件中的周克华就属于专业抢劫犯，他有很强的反侦查能力，而且还是伪装高手。周克华每次作案前，都会事先侦查一番，到作案地点踩点。在踩点的时候，周克华十分注重伪装自己，他会将自己的脸部严密地包裹在帽子和口罩下，绝对不会让监控拍到自己的脸部。此外，周克华还会在走路姿势上进行伪装。在平常，周克华的走路姿势很容易引起人们的注意，他走路时外八字十分严重，还会有大幅度摇摆左右肩膀的动作。但当周克华作案完毕后，他会将口罩和帽子摘掉，然后穿上旧式军官冬季常服，并用十分正常的姿势走开，他摇摆肩膀的动作也会消失。如果不是有人刻意注意，根本不会将判若两人的周克华联系起来。这也是周克华屡次得手的重要原因之一。

与专业抢劫犯相对应的是业余抢劫犯。业余抢劫犯通常都是独自进行抢劫，而且只是随机地寻找机会下手，例如独自行走的路人，尤其是在行人稀少的街巷或是深夜。与专业抢劫犯不同，业余抢劫犯更容易被捕。2017年3月31日在深圳龙岗发生的一起抢劫案就是业余抢劫犯罪的典型。

在案发当天，一名身着粉色上衣的女子正站在路口边等绿灯边看手机，她旁边有一名男子正在东张西望，突然该男子抢走了粉衣女子的手机。粉衣女子被抢后，立刻追上去。接下来的一幕让人哭笑不得，该男子居然慌不择路，跑进了派出所，被警察当场抓获。

该男子姓常，刚来深圳不久，没有找到工作，也没有固定的住所，所以在看到有人玩手机后，就起了歹心。但由于常某并不熟悉地形，所以在抢到手机后，误打误撞地跑进了派出所。

通常情况下，像常某这样的成年业余抢劫犯是比较少见的。相比于成人，青少年更容易成为业余抢劫犯。此外，酗酒和吸毒的人也更容易沦为业余抢劫犯。

以人质作为筹码——绑架

　　1996 年 5 月 23 日下午 6 点左右，香港富豪李嘉诚的长子李泽钜在从公司下班回家的路上被人绑架了。不久后，李家就接到了绑匪的电话，这通电话是用李泽钜的移动电话打来的。李泽钜在绑匪的胁迫下只说了一句话："喂，我被人绑架了，不要为我担心，千万不要报警……"当时，李嘉诚正在开会，并不知道长子被人绑架的消息。等李嘉诚得知此消息后，立刻赶回了家里，商量如何解决。

　　此时的李嘉诚陷入了矛盾之中，他不知道该不该报警。最终，李嘉诚决定不报警，因为他对当时香港的警察和司法制度并不怎么信任。其实，在李泽钜被绑架前，香港已经发生过多起富豪被绑架的案例，例如王德辉。王德辉被人绑架了两次，第一次王德辉的家人给了绑匪 1000 万美金，换回了王德辉的平安；但第二次，绑匪在收到 6000 万美金后，并未守信，而是选择了撕票。王德辉在惨遭杀害后，尸体被扔到了大海里。

　　很快，李嘉诚接到了绑匪的电话。与制造绑架案的普通绑匪不同，这个绑匪主动说出了自己的名字，他叫张子强。张子强是香港有名的黑社会头目，他不仅不怕自己被人认出来，还担心自己的名气不够大。

　　张子强告诉李嘉诚，他将亲自上门拜访，并准备和李嘉诚谈谈赎金。张子强之所以这么大胆，就是因为咬定李嘉诚不会拿自己长子的生命冒险。在张子强看来，钱对于穷人来说很重要，但对于富豪来说，命更金贵。

对于李嘉诚的住处，张子强十分熟悉，他和李嘉诚很快见了面。见面后，张子强在和李嘉诚寒暄了一番后，直接进入正题，他说他代表兄弟们向李嘉诚借 20 亿，而且必须全是现金。李嘉诚告诉张子强说，就算他想给，银行也不一定能提出这么多的现金，他得先向银行咨询一下。

李嘉诚立刻命人给银行打电话，最后的结果是，银行最多能提出 10 亿现金。李嘉诚把这个消息告诉张子强后，还说为了表示他的诚意，张子强可以带走家里的 4000 多万现金。最终，张子强同意了，并说之后会来取走那 10 亿现金。张子强在将这 4000 万现金装进车里时，突然觉得 4 这个数字不怎么吉利，就退给李嘉诚 200 万，只拿走了 3800 万。

张子强回去之后，对手下的同伙说，他和李嘉诚已经谈妥了，用 10 亿港币换李泽钜，明天就去取钱。随后，张子强还交代，不要亏待李公子。

第二天，李嘉诚接到了张子强的电话。李嘉诚告诉张子强，他已经从汇丰银行里取出了 5 亿。由于现金数量巨大，李家还为张子强准备了一辆大面包车。张子强开着这辆大面包车带走了这 5 亿现金。剩下的 5 亿，张子强到下午 4 点再来取。

5 亿现金不是个小数目，张子强在将 5 亿现金往车上搬的时候费了不少力气，他为了省力，下午来的时候还特意带来一个同伙做帮手。

在准备离开时，张子强突然问了李嘉诚一个问题："你们李家会不会因此恨我？"李嘉诚回答说："不会，我在教育孩子的时候，经常对他们说，要有狮子的力量和菩萨的心肠。用狮子的力量去奋斗，用菩萨的心肠去待人。"张子强听后向李嘉诚保证道："既然李家这么讲信用，我保证以后绝对不会再骚扰李家。"

李嘉诚则给了张子强一些建议，他希望张子强能用这笔钱去投资，最好购买他们李家公司的股票，这样所得到的收益是十分可观的。李嘉诚还说，实在不行，就将这笔钱存到银行里，利息也是一笔不错的收入。

张子强听后笑了笑没说话，在发动汽车后，突然打开车窗对李嘉诚喊道，今晚，李泽钜就会回家。张子强来到关押李泽钜的养鸡场后对他说："你老爸很讲信用，我们已经拿到钱了。我这个人也很有信用，今晚就放你回家。"说完，张子强就命人将李泽钜和他的司机放走。李泽钜和司机两人的眼睛被蒙上后，被人用汽车送到了一家酒店门口，然后就恢复了自由。

这不是张子强第一次犯罪，也不会是最后一次。张子强从十几岁就开始混黑社会，他的父亲一心想让儿子走正道，但张子强根本就不服从父亲的管教。

张子强的父亲是随着当时"逃港潮"来到香港的。张父刚来到香港时，身无分文，也无人可投靠，只能依靠自己所掌握的一点中草药知识开一家凉茶铺。

这家凉茶铺的所在地是香港的油麻地，算是香港的贫民区，居住条件很差，也是犯罪的滋生地，是黑社会频繁火拼的场所。总之，张子强就是在这样混乱且拮据的生活环境下长大的。

随着年龄的增长，张子强越来越无心学习，就连小学毕业也等不到，就迫不及待地参与到了街头混混的团伙中。张父看到儿子不是学习的材料，便想着让儿子学习一门手艺，用来以后维持生计。起初张子强只是在父亲的凉茶铺打杂，可他并不安分，于是就被父亲送到专做西装的裁缝铺当学徒。每当张子强做了错事，他的父亲都会采用暴力的惩戒方式，但就算如此，张子强依旧没有走上正道，反而在黑社会混得如鱼得水。

1990年2月，张子强带着自己的小弟抢劫了一辆押表车，这辆汽车里装着价值不菲的劳力士金表。一年后，张子强再次协同小弟进行抢劫，这一次他瞄上了一辆运钞车，他们抢走了3500万港币和1700万美金。这在当时是一起十分轰动的抢劫大案，引起了香港警察的重视。

不久之后，张子强就被警察抓住了，等待他的将是18年的监狱生活。就在香港市民等待审判结果的时候，情况发生了逆转。张子强的老婆罗艳芳不仅为张子强请了香港最好的律师，还利用新闻媒体的力量为张子强脱罪。

1995年，香港高等法院宣布了审判结果，张子强无罪释放。张子强获得自由后立刻投诉了香港警方，最后警方赔偿了张子强800万港币才作罢。

扬眉吐气的张子强在一年后，便又开始策划犯罪活动，这一次他决定不再抢劫，而是策划绑架。很喜欢看报纸的张子强买了一份报纸，上面有香港的富豪榜，李嘉诚位列第一。于是张子强决定对李嘉诚下手，他觉得绑架李嘉诚的儿子效果更好，就瞄上了李泽钜。

这次绑架成功后，张子强分到了4.3亿现金。他拿到钱后，并未听从李嘉诚的建议，去做投资或存在银行，而是选择去澳门赌博。

与许多黑社会头目一样，张子强十分痴迷于赌博。张子强并不在乎赌博能赢多少钱，他更在乎的是赌博能给自己带来的快感。短短两天，张子强就在赌场里输掉了8000万，但他并不在乎，因为他觉得赌博会让自己非常兴奋，他喜欢这种兴奋的感觉。

很快，这4.3亿就被张子强挥霍完了。他决定再干一票。于是，张子强又买了一份报纸，开始研究上面所刊登的富豪榜。这时，张子强发现第一名依旧是李嘉诚，不过他曾答应过李嘉诚不会再动李家的人，于是就瞄上了富豪榜上的第二名，即郭氏兄弟。

这一次的绑架依旧进行得非常顺利，只是在索要赎金上，张子强发现郭家没有李嘉诚爽快，他只要到了6亿。作为头目的张子强最终得到了3亿。

很快，这3亿也被张子强挥霍光了，他只能再次策划绑架并索要赎金的犯罪方案。这一次，张子强决定绑架澳门的第一富豪，只是被警方察觉而没有成功。

虽然张子强并未被警方抓住，但他的手下却未能幸免。张子强为了将同伙从监狱中救出，就从内地购买了 800 公斤的炸药和 2000 多枚雷管，想利用炸药去劫狱。这 800 公斤炸药的威力十分巨大，如果集中引爆，就连一座十几层的大厦也能被夷为平地。

张子强因此引起了中央政府的注意，由于当时香港已经回归，中央政府是不允许像张子强这样的犯罪分子胡作非为的。于是当张子强在广东被捕后，经开庭审理，最终张子强被判处死刑。

对于这项判决，张子强当然不服，他开始上诉。但终审结果依旧是死刑，也就是维持原判。其实张子强一直想回香港接受审判，他认为这样自己就有机会活命，但香港方面并不接受。

像张子强这样的绑架犯就是惯犯。对于张子强来说，抢劫和绑架就是他的工作，他会反复地实施犯罪，将犯罪当作自己的职业。与一般罪犯不同，惯犯都是一些意志薄弱的人，经常处于自我放纵的状态，尤其是在挥霍金钱的问题上。

决绝的作案方式——纵火犯罪

2013 年 5 月 30 日凌晨 2 点左右，广东省东莞市长安镇乌沙社区步步高大道 177 号一商铺发生了火灾。这家商铺的主人是陈汉泉，当火灾发生的时候他并未睡着，他正在和两个弟弟坐在店里喝茶聊天。

原来，在火灾发生之前，陈汉泉的商店曾遭遇 6 名不明身份男子的打砸，他本人为了阻拦打砸而受了轻伤，两个弟弟很担心他的安全，就从广州和深圳赶来探望，希望能帮上哥哥。

到了深夜时分，陈汉泉兄弟三人还在聊天，而陈汉泉的妻子和两个儿子早就又困又累，到阁楼上睡觉了。到了凌晨 1 点左右，陈汉泉三兄弟也开始有了困意，就准备关上卷闸门，上楼睡觉。

由于当时天气炎热，陈汉泉就和二弟一起洗澡，而三弟陈汉生则准备吹会儿风扇再上阁楼睡觉。这时，陈汉生听到了敲门声，还敲了不止一下。陈汉生以为有人买东西，于是就准备去拉开卷闸门。这时，陈汉生突然发现卷闸门已经被人从底下撬开了一条大约 10 厘米的缝隙。很快，带着一股浓浓汽油味的液体从这条缝隙被泼了进来。就在陈汉生还没反应过来时，有人扔进来一个带着火苗的东西。顷刻间，火苗一下子变成了大火，从卷闸门底下迅速地蔓延到屋子内。再加上店内有不少烟酒、草席等易燃物，火势变得越来越凶猛。

在阁楼上的陈汉泉和二弟陈汉炎在听到敲门声后，立刻准备下来，他们怀疑是砸店的人又来了。刚下来，陈汉泉和陈汉炎就发现原来是着火了。此时大火已经将卷闸门阻隔，他们想要出去就只能从后门走，于是陈汉泉立刻去找后门的钥匙。而陈汉炎则爬上阁楼，准备营救嫂子和两个年幼的侄子。

当陈汉泉打开后门后才发现店内都是火，他和三弟只能赶紧逃走。陈汉泉逃出去后，立刻想着怎么救人，他先拨打了报警电话，然后给自己的小舅子赵浩生打电话。不一会儿，赵浩生就带着父亲来到了案发现场。

此时，被困在店内的几个人还发出了微弱的呼救声。眼看着自己的亲人就快要被烧死了，陈汉泉十分着急，就要求警察开车将紧闭的卷闸门给撞开。但警察并不同意采取这种危险的举动，陈汉泉就只能开着赵浩生的面包车将卷闸门撞开。虽然卷闸门被撞开了，但在凶猛的火势下，陈汉泉依旧只能眼睁睁地看着。幸好此时，消防车赶到了。

大约20分钟后，大火终于被扑灭。在救火期间，因为卷闸门带电，有3名消防员被电击伤了。当火被扑灭后，陈汉泉迫不及待地冲了进去。他先发现了大儿子，赶紧将孩子抱了出来。很快，搜救人员发现了另外两名受害者，这是陈汉泉的妻子和小儿子，他们就缩在阁楼的墙角，小孩一直被陈汉泉的妻子紧紧地抱在怀里。此时陈汉泉的妻子还有微弱的心跳，几名受害者很快被送进医院抢救，但却因抢救无效而死亡。陈汉炎的尸体在半个多小时后被找到，他已经被烧焦了。

根据陈汉生的描述，这起火灾显然是有人故意制造，并非意外事件。警方在调取监控录像后发现，在火灾发生前曾有两名男子出现在陈汉泉的店铺前，并且不停地用力拍打商铺的卷闸门。一会儿后，他们便将桶装液体泼进卷闸门内。

那么，这两名男子为什么要纵火伤人呢？受害人陈汉泉认为这是房东戴某所为。陈汉泉告诉警方，这间商铺是他租的，按照租房合同，房东将该店铺租给陈汉泉 3 年时间。但在不久前，房东却突然要求陈汉泉将东西搬走，因为他要将房子拆掉重建。房东的这个要求让陈汉泉难以接受，当初他为了租下这间商铺，多交了 2 万多元的转让费，而且还在装修上花了 1 万多元。陈汉泉本打算好好做商铺的生意，但没想到房东突然提出了让自己搬走的要求。

再加上合同所约定的期限没到，陈汉泉就向房东提出了赔偿要求，他认为房东有义务赔偿他花费在转让和装修上的费用，还提出请第三方机构来评估。房东听后就离开了，之后再也没有出现。

到了 5 月 27 日的晚上，陈汉泉的店里来了 3 个年轻人，其中一个身着黑色衣服的年轻人自称是房东的孙子，他要求陈汉泉赶紧搬走，并提出会给 4000 元的损失赔偿。陈汉泉当即反对，坚持要求请第三方机构进行损失评估。陈汉泉的这种态度激怒了这个年轻男子，他在离开前丢下一句话："那就不用说了，以后一分钱的赔偿都没有。"

大约 3 个小时后，即 5 月 28 日的凌晨，陈汉泉的店里来了一名男子，该男子声称要买一包 17 元的黄鹤楼烟，然后给了陈汉泉 50 元，还向陈汉泉借了一个打火机点烟。陈汉泉找钱给该男子后，他接过零钱就走了。陈汉泉意识到打火机还在男子的手中，就叫他把打火机还回来。谁知，该男子将打火机随手扔了过来，打火机直接掉到地上。陈汉泉只能弯腰去捡，这时该男子则将手中点燃的烟朝陈汉泉扔过来，随后还将整盒烟扔到陈汉泉的身上。

很快，就有 5 名男子走进了店里，他们手中还拿着钢管。他们以买到假烟为由，开始猛砸店铺里的物品，期间陈汉泉也受了轻伤。随后，这些男子就离开了。据陈汉泉回忆，在他们离开前曾有一人丢下了一句话——"看你还搬不搬"。

调查这起纵火惨案的专案组很快就找到了戴某等 9 名嫌疑人。在审问中，戴某夫妇告诉警方，他们租给陈汉泉的商铺由于陈旧准备拆除重建，于是就向陈汉泉提出了让其搬走的要求，但陈汉泉以合同未到期为由拒绝搬走。

之后，戴某夫妇再次找陈汉泉协商，但陈汉泉并未给出具体的赔偿金额。于是戴某就请陈某去和陈汉泉协商，陈汉泉提出了赔偿六七万元的要求。戴某认为这个要求太过分，就对陈某说当时签合同租金是一个月1600元，他只能给出最多4万元的赔偿。随后，戴某就找陈某等人，希望他们能"帮"他收回店铺。

陈某等人想出了砸店的主意，希望通过恐吓的手段逼迫陈汉泉搬走。这个办法并未达到预期的效果，于是陈某等人就到加油站购买了一些汽油，并带着装有汽油的塑料瓶在深夜时分来到陈汉泉的商铺，将店铺卷闸门拉开一条缝隙进行纵火。等火着起来后，这些人就纷纷逃离了案发现场，最后酿成惨案。

通常来说，纵火犯之所以会实施纵火犯罪，主要有以下五种动机：

第一种动机是故意损坏财物。在大多数的纵火犯罪中，纵火犯的目的就是为了破坏财物，而且在放火后会停留在案发现场。有此种动机的纵火犯一般都是青少年，而且在从事纵火犯罪时会结伴而行。

第二种动机是报复。带着这种动机进行纵火的人，一般和受害者的关系比较恶劣，希望通过纵火的方式使对方的人身财产受到损害，从而满足其报复的心理。有此种动机的纵火犯一般都是成年人，而且在从事纵火犯罪前往往会有大量饮酒的行为。

第三种动机是为了掩盖犯罪痕迹。有些犯罪分子在犯下了杀人等较重的罪行后，会采用纵火的方式来掩盖案发现场所遗留的犯罪痕迹。大火过后，不仅会给警方的调查工作带来困难，还会造成意外失火身亡的假象。

第四种动机是诈骗。有些人会为自己的房子购买保险，为了能得到保险赔偿，便会采用纵火的方式，有的人还会雇用纵火犯进行纵火。

第五种动机是恐吓、威胁。在不少纵火案件中，纵火犯的动机都是恐吓，以达到自己的某种目的。上述案例中的陈汉泉之所以会遭此横祸，就是因为纵火犯希望他能尽快腾出商铺。根据纵火犯以及目击者的证词，在纵火之前，纵火犯曾不停地敲打商铺的门，以让商铺里的人做好逃走的准备。也就是说，纵火犯的目的并非杀人，而是为了达到恐慌、威胁的效果。

在上述的五种动机中，纵火犯都是普通人，纵火只是他们达到某种目的的手段。但还有一些纵火犯，他们的目的就是纵火，这种纵火犯的心理有一个专有的名词——"纵火癖"。

纵火癖者将纵火当成一种爱好，他们可以从中获得快乐或释放压力。通常情况下，纵火癖者在纵火后会停留在案发现场欣赏自己的"杰作"。不少纵火癖者还会故意报火警，并躲在暗处等待消防车的到来。

暗藏的心理毒药——投毒

在江苏省南京市江宁区汤山镇上有一家十分有名的面食店,即正武面食店,主要经营烧饼。对于汤山镇的人来说,烧饼是一种可口的主食,而且价格也不贵。正武面食店还是镇上两所学校的主要进货渠道,学校从正武面食店以每个 0.4 元的价格采购烧饼,然后再以每个 0.5 元的价格卖给学生。

2002 年 9 月 14 日的早晨,本该平静的汤山镇突然变得闹哄哄的。原来,正武面食店附近的中学和工地上的一些人出现了中毒现象。中毒者表现出了十分可怕的中毒症状——剧烈呕吐、口吐白沫、脸色发青。

中毒者以学生居多。因为学生要上学,早饭吃得早。也正因如此,才避免了更多的城镇居民中毒。再加上案发当天是星期六,大多数学生都在家休息,只有毕业班的学生需要在学校补课,因此避免了更多的学生中毒。

很快,许多中毒者就被送进了医院。在汤山镇,有一种有篷的、专门用来搭客的三轮摩托车,被称为"马自达"。当学生出现中毒症状时,大多数人还未上班,只有马自达在街上等待顾客。因此马自达便成了中毒者的救命稻草。尽管中毒者被以最快的速度送进了医院,但还是有不少人中毒身亡了。有的马自达司机在接受记者采访时说,有不少中毒者的症状十分严重,在送往医院的途中,他们的眼耳口鼻都已经开始冒血,根本没来得及抢救,就已经不行了。

这起投毒案在当地引起了不小的轰动,也给许多人留下了难以磨灭的心理阴影。除了一些无辜者丧生外，不少饮食店都没了生意。人们受到中毒事件的影响，不仅不敢购买烧饼，甚至连其他食品也不敢购买了。在很长一段时间内，汤山镇的饮食店都十分冷清，从早到晚都没有一名顾客，为此许多饮食店只能选择关门。

很快，投毒案的犯罪嫌疑人就确定了，是正武面食店的邻居陈正平。在周围人看来，陈正平是个很普通的生意人，每天起早贪黑地做生意，从来不会在秤上缺斤短两。房东对陈正平的印象也不错，因为他从来不拖欠房租和水电费。

在案发当天，还曾有人看到过陈正平。根据房东的陈述，在案发当天陈正平还曾向房东辞行："听说陈宗武的烧饼有毒，他的烧饼摊都被警察收了，这几天的生意估计做不成了。我准备回家一趟，你给我个电话，到时候再给你水电费。"

陈正平的老家在南京浦口，但他却踏上了开往洛阳的火车。这趟列车是从上海开往洛阳的，到达南京站时已经是深夜了。陈正平随着人流一起上了火车。在到达徐州站时，列车乘警长崔万鸿接到车站值班民警传达的紧急通知，南京汤山特大投毒案的犯罪嫌疑人可能在这趟列车上。

在徐州站，犯罪嫌疑人并未被抓住，但乘警们没有放松警惕，以查票的名义对乘客进行检查。在列车到达河南商丘站时，犯罪嫌疑人依然没有被查获。由于商丘铁路警方接到了郑州铁路公安处的通缉令，因此该列车再次接到紧急通报，崔万鸿等人只能再次对乘客进行检查。这时，12号卧铺车厢内的一名中等身材的肥胖男子引起了乘警的怀疑，他正在睡觉。该男子被乘警叫醒后，立刻表现出了不安。乘警们此时已经看清了他的样子，在他还未做出抵抗举动前就已经将其控制。在检查了该男子的身份证后，乘警们确定此人便是被通缉的陈正平。

当列车到达郑州站时，铁路公安处处长等几十名警察已经站在站台上等待陈正平下车。陈正平一下车便被警察带走了，在审讯完毕后就被关进了看守所。9月15日下午，南京警方赶到了郑州。第二天，陈正平就被警方押回了南京。

陈正平被押到南京后，立刻被送到了汤山镇，还被警方押到正武面食店指认作案现场。虽然当时距离案发已经过去了50多个小时，但现场还是有不少的围观者。在陈正平出现后，围观群众中还出现了骚动。

在指认作案现场时，陈正平并未戴手铐或被捆绑，只是被几名警察押着。在许多围观者看来，陈正平好像刚起床一样，上身只穿着一件圆领汗衫，下身穿着冬天的棉毛裤，脸也没洗，看起来有些肮脏，嘴边还有胡子茬。

汤山镇的许多人都很不理解陈正平的行为，因为陈正平所下毒的正武面食店的主人陈宗武与他的关系很不错，许多人甚至误认为他们俩是亲戚的关系。实际上，两人只是关系比较好而已。

陈正平是南京市浦口区乌江镇商业村人，案发时陈正平已经31岁了，但并未结婚。陈正平在初中毕业后就不再上学了，而是到南京乔林镇一家小吃店当学徒。做了两年学徒后，陈正平回到老家，开始以种地维持生计。1990年，陈正平在公安局留下了案底，他因偷窃香烟坐了两年牢。

1995年，陈正平来到汤山镇做生意，他主要做大饼、水煎包、麻团等早点生意。陈正平还带着一个给他打下手的年轻人，是他表姐的儿子姚杰。起初，陈正平只是摆摊卖早点，后来因为欠了陈宗武两三千元钱，便开始租门面卖早点。这个门面是陈宗武转租给他的，陈宗武觉得只有陈正平挣了钱，才有资本还钱。

根据邻居和房东的证词，陈宗武与陈正平之间并未发生什么矛盾与争吵。但陈宗武的老婆却很轻视陈正平，总会在牌桌上嘲讽陈正平。陈正平也没什么兴趣爱好，平时会打牌，但也不会输太多的钱。

事实上，在陈正平的心中早就埋下了仇恨的种子。陈正平与陈宗武经常因为打牌、发短信等琐事发生矛盾。再加上正武面食店的生意一向不错，而陈正平的生意却很冷清，于是陈正平就更加嫉恨陈宗武。时间长了，陈正平决定用投毒的方式教训一下陈宗武夫妇。

2002 年 8 月 23 日，陈正平在集市上用 8 元钱购买了"毒鼠强"鼠药剂12 支和粉剂 50 克。陈正平并未马上进行投毒，而是在自家的小店里做了实验。到了 9 月 13 日，陈正平决定动手。他等到晚上 11 点左右，偷偷潜入正武面食店，然后将"毒鼠强"投放到了白糖、油酥等食材中，并加以搅拌，让这些食材看起来并无异样。

第二天凌晨，陈宗武早早地就起床开始做烧饼，这样才能供应给早上吃早点的人们。此时的陈宗武并不知道自己常用的白糖、油酥等食材中已经被掺入了毒药，他将做好的烧饼、麻团等早点卖给了顾客，从而导致许多人出现了中毒症状。

在中毒事发后，陈正平便购买了一张去往郑州的火车票。当他被捕后，警方问他为什么去郑州时，陈正平回答说："反正生意也做不成了，而且自己一直因为没有性功能找不到媳妇，就想到新乡去购买治疗性功能障碍的药。"

最终，这起造成了 300 余人中毒、42 人死亡的投毒案的罪犯陈正平被判处死刑。

在不少投毒案中，犯罪分子的动机都与仇恨有关。在许多人看来，像陈正平这样的犯罪分子是罪大恶极的，但陈正平的犯罪动机却显得很平常，是所有人都有可能会遇到的问题。在日常生活中，与自己的亲朋好友发生争吵和矛盾是再正常不过的，但有些人却会采取极端的报复方式，就像陈正平。

值得一提的是，陈正平是个"光棍"，已经 31 岁了却还未结婚。他有一个弟弟和一个妹妹，都已经结婚了。很显然，像陈正平这样的大龄未婚男性，没有稳定和较高的收入，以后结婚的可能性很低。这些都有可能会成为亲朋好友嘲讽他的理由。当陈正平与陈宗武的妻子发生争吵时，他很明显会处于劣势，无法在争吵中占上风。

长此以往，陈正平会觉得自己在陈宗武夫妇那里受到了侮辱。再加上陈正平小店的生意不好，这意味着陈正平面临着经济压力和社会压力，这些都会使他的受挫感和受辱感增加。在这种心理的基础上，陈正平会变得更加敏感，一些鸡毛蒜皮的争吵也会让他觉得受到了奇耻大辱，他必然会采取极端的方式进行反击，他还认为这是在维护自己的尊严。

对于一个社会地位低或经济拮据的男性来说，对尊严会格外敏感，尤其希望得到亲朋好友的尊重。对他而言，来自亲朋好友的侮辱是无法忍受的。例如 2016 年江苏扬州曾发生过一起离奇的投毒案。投毒者张某和妻子合开了一家小商铺，由于性格原因，夫妻二人决定女主外男主内。平时，妻子做生意，张某则在家做家务。后来，张某发现妻子经常在微信上和异性聊天、搞暧昧，就觉得自己受了奇耻大辱，于是他就往妻子的内裤上涂抹除草的农药。一段时间后，张某的妻子中毒身亡。经法医鉴定，张某的妻子是死于由百草枯中毒引起的多器官功能衰竭。

人之初性本恶——攻击与暴力

2009 年 3 月 12 日，德国举行了下半旗的哀悼仪式。原来德国在 3 月 11 日的上午发生了一起校园枪击案。案发现场是斯图加特市附近小镇温嫩登一所名为艾伯特维尔的中学，一共造成了 12 人死亡，其中 9 名为学生，另外 3 名是教师。

这起枪击案在德国引起了不小的震动，甚至连德国总理默克尔也惊动了。在枪击案发生的当天下午，默克尔在柏林总理府专门针对温嫩登校园枪击案发表了简短声明：“今天的德国沉浸在悲痛之中，上午一起枪击案在瞬间夺走了一些学生和老师的生命。联邦政府会对巴符州提供所需要的援助。”

很快，有关枪击案的消息纷纷在英国的《每日电讯报》《泰晤士报》和美国《时代》杂志网站上刊登。随后，欧盟委员会主席巴罗佐当天也发表声明，对这起枪击案表示震惊和悲痛。

那么，制造这起枪击案的犯罪分子是谁呢？是一个年仅 17 岁的高中生，名字叫提姆·克雷舒默。他的个人爱好十分奇特，喜欢“死亡金属”音乐和枪支。克雷舒默之所以能在短暂的时间内枪杀 12 个人，而且枪枪致命，是因为他有着高超的射击技巧。

克雷舒默的父亲也是枪支爱好者，不仅是射击俱乐部的成员，还拥有枪支许可证。此外，克雷舒默的父亲最大的爱好就是收藏武器。在父亲的影响下，克雷舒默也十分喜欢枪支，总是利用业余时间在家后的树林里练习射击。

除了射击外，克雷舒默最大的爱好就是和朋友一起玩一种被称为"反恐精英"的纸牌游戏。克雷舒默十分擅长这种游戏，在执行游戏中的杀人任务时，克雷舒默总能出色地完成任务。

渐渐地，克雷舒默开始不再满足于从模拟的杀人游戏中获得兴奋感，他开始策划进行一场真实的杀人游戏，他先从父亲那里偷走了一支枪，还为自己准备了一身黑色野战装备服，然后在2009年3月11日上午9点30分（北京时间16点30分）出现在自己就读的学校。

在射击过程中，克雷舒默的表现就好像在执行任务，他迅速地进入教室，趁着学生们还没缓过神儿来，就开始扫射，然后克雷舒默会迅速地离开，前往下一间教室。与克雷舒默的冷静相比，学生们则陷入了前所未有的恐慌之中，受到惊吓的学生们纷纷跳窗逃命。

在枪击案发生后不久，警察和学生家长都赶到了案发现场。由于案发现场十分混乱，警察立刻封锁了学校，学生家长只能在学校附近等待孩子的消息，并且祈祷自己的孩子能平安无事。

警察并未在学校发现凶手的踪迹，凶手很可能在警察赶到之前就已经逃走了。于是，警察只能一边寻找凶手，一边在学校疏散师生。随后，法医也赶到了学校，开始检查被害者的尸体。受伤的师生都被转移到了附近的一家诊所中，没有受伤的学生则跟着父母回家了。

为了尽快抓到凶手，警察开始盘查学校周围的过往车辆。为了避免无辜者受到凶手的胁迫，警察还要求路过的司机不要搭载陌生人。除此之外，案发现场附近的幼儿园、小学和图书馆等一些公共设施也都被迫关闭，平常十分安静的小镇一下子变得紧张起来。

在搜捕期间，克雷舒默与警察相遇了，双方还发生了一场十分激烈的枪战。其中，两名警察被克雷舒默击中而身受重伤。不过克雷舒默也被击中了腿部，但克雷舒默并没有主动缴械投降的意思，还是在不停地逃亡。在这个过程中，有一些无辜的路人被克雷舒默开枪击毙。最终，警方在一家超市附近找到了克雷舒默的尸体。不过克雷舒默到底是死于自杀还是被警方击毙，则成了一个谜。警方给出的解释是克雷舒默死于自杀。

发生在德国的这场惨剧发人深省。我们生活在一个以娱乐为主题的时代，电视剧、电影、网络游戏是大众普遍接受的娱乐方式，是人们用于打发业余时间的工具。以电影为例，不同的人所喜爱的电影类型是不同的，但以暴力为主题的电影却受到了不少人的追捧，许多人都可以从暴力电影中得到平淡生活中所没有的刺激感。

那么，充满了暴力元素的媒体与人的暴力或攻击行为是否有必然的联系呢？人是一种可塑性很强的物种，因为我们具有很强的学习能力，而且这种学习能力会随着年龄的增加而递减，也就是说年龄越小的人学习能力就越强。这也就意味着一个人可以通过观察或模仿电影情节的方式进行暴力犯罪，上述案例中的克雷舒默就是个典型。

既然许多人开始思考媒体中的暴力与现实中的暴力行为之间的关系问题，那么就说明像克雷舒默这样的人并非孤例。在美国也出现过类似的案例，一个名叫罗伯特·萨莫拉的 15 岁少年犯下了谋杀罪。萨莫拉是个喜爱看恐怖片的人，每天观看电视的时间长达 6 个小时，而且所观看的内容都和杀人有关。最关键的是，他所犯下的谋杀罪与不久前所观看的电视节目十分类似。

充满了暴力元素的电影、电子游戏往往有非常广阔的市场。例如，许多人都非常喜爱观看有暴力元素的电影，这样的电影可以轻易地让我们的肾上腺素激增，看完之后会有一种过瘾的感觉。每天观看有暴力元素电影的观众可谓是成千上万，但却很少有人出现真实的攻击和暴力行为。

在现如今的社会中，暴力和攻击行为是被禁止的，因为暴力会损害他人甚至是公众的利益。其实从人性的角度来说，暴力似乎就隐藏在我们的基因或本能之中，不然也不会有那么多人去观看有暴力元素的电影，也不会有所谓的暴力美学。

在文学中，暴力美学也十分常见。例如，四大名著之一的《水浒传》就体现了暴力美学。武松是《水浒传》中的主要人物之一，提到武松，我们往往常会想起潘金莲和西门庆。武松为了给兄长武大郎报仇，杀死了这对奸夫淫妇。武松因此被发配到孟州。在孟州，武松因为抱打不平得罪了蒋门神。之后，武松就被蒋门神等人陷害，还差点儿丧命。武松为了报仇来到了与蒋门神狼狈为奸的张都监家里，此时蒋门神等人正在后花园的鸳鸯楼喝酒庆祝，武松一口气杀死了所有人，包括张都监的家眷和仆人。杀过人后，武松拿起桌子上的酒壶猛灌一通，然后就蘸着血在墙上写道："杀人者，打虎武松也！"随后，武松就逃走了，前去投奔张青。当我们阅读武松的故事时，其实就是在欣赏暴力美学。

除了小说外，诗歌中也有暴力美学的存在。例如李白曾经写过一句诗："笑进一杯酒，杀人都市中。"这句诗歌，我们只能从艺术的角度去解读，如果将它引入到现实中，我们就会产生如宋朝苏辙一样的感受。在苏辙看来，李白是一个不符合儒家规矩的诗人，甚至是个不道德的诗人，他曾对李白这样评价道："白昼杀人，不以为非。"

我们之所以会将暴力进行艺术化，就是因为暴力或攻击性是我们的本性之一。人类从幼年时便展现出了他／她的攻击性，不论是男孩还是女孩，但我们会随着年龄的增长而学会自我控制。人们对于暴力或攻击性还带着强烈的反感，这与社会个体所具有的道德感有关。

自我控制是一个人成长和融入社会所必备的能力。如果一个人随着年龄的增长却无法进行自我控制，那么他极有可能会走上犯罪的道路。这意味着他会给他人带来伤害，同时也意味着他将要承担严重的后果。

那么，为什么人的本性之中会有暴力倾向呢？毕竟这是一种损人不利己的行为。所谓的损人不利己只是在当前的社会条件下，也就是在丰衣足食的安定环境中。我们是幸运的，因为我们生活在一个物质较为丰富的时代。饥饿这种威胁人生存的恐慌感，在我们这代人身上是很少见的。

但在历史上，饥饿一直是笼罩在人类头顶上的死亡阴影。当一个人处在饥荒年代，他的自我控制能力会达到最低值，最容易出现攻击行为，更倾向于冒险。这样的人更容易在饥荒年代活下来。

此外，从进化的角度看，攻击行为还是一种高风险、高回报的策略。在我们所生活的社会中，有攻击或暴力倾向的人，很容易犯罪，从而被关进监狱，甚至判处死刑。这样的人很难留下后代，很少有女人愿意嫁给一个罪犯，也就是说他的基因很难延续下去。在大自然中，攻击性强的猴子可能会向猴王发起挑战，更容易丧命，基因也很难得以延续。可一旦挑战成功了，就意味着它将在猴群中享有极高的地位，它将会获得优先交配权。

虽然有些人有暴力的倾向，但并不意味着他们就一定会从事暴力犯罪。因为，后天的教养十分重要。儿童和青少年会比较容易被有暴力元素的媒体所影响，从而出现模仿行为。例如，如果儿童或青少年经常观看有暴力元素的电影，那么在短时间内他的行为就会充满攻击性。不过这并非不可改变，只要能得到父母的正确引导，即使观看了一些有暴力元素的电视节目或电影，也会形成正确的认知，将现实生活与暴力艺术分开。

此外，研究还发现，如果一个人在儿童时期经常受到严厉的批评和体罚，那么他就更容易出现攻击行为，并在他小时候就初见端倪，例如在与同学比赛时更容易做出攻击行为。因此，积极、健康的教育方法就变得尤为重要。

Criminal Psychology

第三章

人类的黑暗史——

杀人犯罪

剥夺他人性命——故意杀人

2015 年 2 月 18 日是除夕夜，许多人都在家中吃团圆饭，但山东省临沂市公安局兰山分局的值班警察却接到了一个报警电话。打电话的是个女子，她声称自己的妹妹被人杀害了。

被害者本来是打算和姐姐一家一起吃年夜饭，可到了晚上，报案者怎么也打不通妹妹的电话，于是就和家人来被害者居住的房子查看。报案者敲门敲了很长时间都无人回应，就觉得不对劲，于是就强行撬开门锁，结果发现被害者就躺在地上，身下有一大片血迹，已经没有了生命迹象。

警方赶到案发现场后，确定这是一起故意杀人案，被害者刘某的致命伤在头部，她的头部被人用锐器击伤，而且死亡时间也有两天了。

通过调查，警方很快就锁定了犯罪嫌疑人。刘某在被害前曾有过一个同居了半年的男友，而且在被害之前的一段时间内都和男友在一起。刘某的姐姐告诉办案的警察，刘某的男友名叫王斌，几天前还曾和刘某在一起。但在刘某被害后他却突然消失了，电话也打不通。此外，刘某的姐姐还提供了一条有价值的线索，即王斌自称是罗庄人，在国税局上班。

有周围的群众反映，曾在 2 月 15 日这天看到过王斌，不过王斌在当天的深夜时分匆匆驾车离开了小区。这样，王斌的嫌疑就更大了。

警察根据这些线索进行调查，结果发现临沂市国税局根本没有一个名叫王斌的人。警察怀疑，犯罪嫌疑人很可能使用了假名。

市区的大量监控帮助警察找到了王斌的线索，王斌所驾驶的宝马车在深夜时分出现在了京沪高速入口。后来，警察调取了王斌所行驶的路面监控，结果在泰安发现了宝马轿车，但却并未发现王斌的踪迹。

就在这时，警察又接到了刘某姐姐所提供的一条有价值的线索。刘某姐姐告诉警察，妹妹生前曾送给她一件外套，并对她说，在外套的口袋里有一张写着数字的纸条，并嘱咐她要好好保存着。这串数字是一个身份证号码，号码的主人则是潍坊市某乡镇的吴某。

警察开始怀疑吴某就是犯罪嫌疑人。根据身份证上的地址，警察拿着犯罪嫌疑人的照片来到了吴某所居住的村子。警察并未找到吴某，但却从村干部那里了解到，吴某就是照片上的男子，即犯罪嫌疑人。只是这几年，吴某一直在外地，就算是春节也不回家。随后，村干部就带着警察来到了吴某的家，恰巧吴某的父亲正在家。吴父看到照片后对警察说，照片上的男子虽然与他的儿子很相像，但却不是他。为了洗清儿子的嫌疑，吴父还特地给在外地的儿子打了电话。

吴某告诉警察，照片上的人的确不是他，而是他在某娱乐场所认识的一个顾客，而那位顾客就叫王斌。吴某还说，他和王斌因为长得相似，所以便成了好朋友。在2014年下半年，王斌借走了他的驾驶证，但却一直没有归还，当吴某问及时，王斌就说自己不小心弄丢了。

这样一来，犯罪嫌疑人的线索就断了。后来，警察从犯罪嫌疑人经常联系的熟人那里确定了他有东北口音，这说明犯罪嫌疑人很有可能是东北一带的人。犯罪嫌疑人的逃跑路线极有可能是往东北方向。

犯罪嫌疑人所驾驶的宝马车在泰安找到了，警察就决定从泰安的出租车司机入手，因为警察认定犯罪嫌疑人肯定还会继续租车潜逃。最终，警察从一名出租车司机那里了解到，犯罪嫌疑人去了济南。

来到济南后，警察在追踪中发现犯罪嫌疑人又租车去了天津。到达天津后，警察又了解到犯罪嫌疑人往临沂方向折返。

2月23日的晚上，犯罪嫌疑人终于被抓住了，他又出现在了刘某被害的小区附近，而且正和一名女子同居，而该女子则是他刚刚结交的女朋友。

犯罪嫌疑人姓胡，31岁，黑龙江省鸡西市人，已婚并有个7岁的儿子。胡某在东北就有案底，曾因为诈骗金额巨大被当地警方通缉。在东北待不下去了，胡某就来到了山东临沂。

在临沂，胡某依旧本性不改，继续行骗。他不仅欺骗别人的钱财，还欺骗别人的感情，专找有钱的单身女子下手。为了行骗，胡某还特地在汽车租赁公司租了一辆宝马轿车，还换上了一身时尚的品牌衣服。胡某利用手机微信和单身女子聊天，并声称自己是个富二代。

被害人刘某在胡某看来条件很不错，不仅是单身，还有自己的房子，存款也不少。刘某自从丈夫因盗窃入狱后一直希望能再婚，就在这时胡某出现了，刘某轻易地就上钩了。

起初，两人只是在微信上聊天。在刘某看来，胡某是个可遇不可求的好男人，不仅有稳定的工作、殷实的家底，而且还特别浪漫。在微信上聊了一个月后，胡某就主动搬到刘某家中与她同居。

渐渐地，刘某越来越信任胡某。于是胡某就利用刘某的信任，以为家族企业周转资金为由骗走了刘某所有的存款。这笔存款数额不小，胡某也因此过上了梦寐以求的生活，不是下馆子，就是带着刘某到处旅游，俨然一副富二代的姿态，而刘某也因此更加相信他就是个金龟婿。

胡某的逍遥日子没过多长时间就露出了马脚，在2015年春节快要到来时，刘某意外发现了胡某的驾驶证。驾驶证上的名字是潍坊市的吴某，根本不是"王斌"。这时，刘某才起了疑心，于是就将吴某的身份证号码交给了自己的姐姐。同时，刘某还不停催促胡某还钱。

胡某已经把钱基本上都挥霍掉了，根本没钱还给刘某，总是找借口搪塞。时间长了，刘某的疑心就变得越来越重，两人开始因为还钱的事经常发生争吵。

在2月15日的晚上，也就是除夕夜前两天，刘某再次催促胡某还钱，双方因此发生了激烈的争吵。在争吵过程中，胡某突然有了杀人的念头，他觉得只要刘某死了，这笔钱就不用还了。于是，胡某用酒瓶砸晕了刘某，随后用绳子勒住刘某的脖子，直到刘某没了生命迹象。杀完人后，胡某就匆匆离开了案发现场，决定潜逃。

胡某一路向北逃去，但当他到了天津后却突然发现自己没钱了。胡某开始想着怎么弄一笔钱，他想到了一个女孩林某，这是他前段时间在临沂认识的。于是，胡某就又回到了临沂，并与林某取得了联系。林某和刘某一样，对胡某这个风度翩翩的"富二代"颇有好感，因此胡某又轻易地从林某那里骗走了一万元，骗钱的理由也是如出一辙，声称是给自己的家族企业转账。当这一万元挥霍得差不多时，胡某就决定故技重施，但却被警察抓住了。根据胡某的交代，除了刘某和林某外，临沂还有许多女性都被胡某骗了。

很显然，这是一起故意杀人案。在这起案件中，导火索是激烈的争吵。对于一个正常人来说，发生争吵时，不会去想怎么杀死一个人，这只是连环杀手才会去想的问题。因此当发生争执时，行凶者极有可能会在盛怒之下随手拿起一件物品当作杀人工具。例如上述案例中击中被害者头部的酒瓶，这是一种十分常见的物品。如果当时离凶手较近的是其他物品，那么也会成为凶手随手拿起的杀人工具。不过这起案件并非激情杀人，而是故意杀人，因为凶手在被害者处于昏迷时，还用绳子勒死了她。杀人后，凶手也没有内疚、后悔的情绪。

谋杀当作艺术——变态杀人狂

2003 年 11 月 4 日，在河南省驻马店的一家网吧里，一个名叫张某的少年认识了一个其貌不扬的中年男子，他叫黄勇。在离开网吧前，黄勇邀请张某去游玩，并借口说得取点儿钱，让张某陪他一起前去。

就这样，黄勇将张某领回了自己家。到了大黄庄后，黄勇提出让张某在他家吃午饭，于是就去买了方便面和花生米。吃饭时，黄勇指着房间里一个很像压面条机的东西对张某说："这个东西叫智能木马，很好玩的。你只要躺上去就知道它的乐趣了。"张某被说动了，没多想就躺了上去。

趁着张某不注意，黄勇按动了开关，张某的脖子和手脚都被锁住了，一点也动弹不得。此时的张某才意识到危险，但已经晚了，只能任由黄勇处置。

黄勇先将张某的衣服脱光，然后用一条白布勒住了张某的脖子，用另一条白布勒在了张某的肚子上。黄勇开始逼迫张某不停地吸气，每吸气一次，黄勇就会将绑在张某肚子上的白布条勒紧一次，于是张某的肚子就涨得大大的。

接着，黄勇拿出了一个注射针，不停地扎在张某的脖子和肚子上，而且针针出血。疼痛不已的张某总是忍不住叫出声，黄勇就用东西塞住了张某的嘴巴。

在接下来的几天内，张某可谓是饱受折磨，但他却一直没有放弃向黄勇求饶的机会。黄勇好像有一些心动，会时不时地给张某一些方便面之类的食物。这些食物虽然不多，但对张某来说却很宝贵，让他能有体力逃生。张某曾两次试图从这间屋子逃走，但都失败了。

黄勇一边折磨张某，还一边向张某炫耀自己以前杀人的事情。到了11月11日，黄勇出现了反常的行为，他没有折磨张某，而是不停地在屋子里转来转去，嘴里还模糊地念叨着什么，似乎在决定到底怎么处置张某。趁此机会，张某对黄勇说："求求你，放了我吧。将来我一定会给你养老。"这句话显然产生了不错的效果，黄勇犹豫了，眼睛里似乎还含着泪光，最终他决定放走张某。

死里逃生的张某十分害怕，他不敢回家，他害怕黄勇会重新找上自己，于是就去了同学家，在那里过了一夜。第二天早上，精神恢复了一些的张某决定回家。回家后，张某将整个事件的经过都告诉了奶奶。老人一听，觉得不是小事，就给张某的父亲打电话，还给在警察局工作的亲戚说了说。

很快，黄勇就被当地警察抓捕了。黄勇之所以没有逃走，是因为他在放走张某后一直跟踪他，发现张某并没有报警，就放心回家了。

这不是黄勇第一次作案，早在2001年黄勇就开始杀人了，那些死在黄勇手上的年轻男子都没有张某这般好运。第一个死在黄勇手上的是个学生，年仅15岁。死者路某在录像厅认识了黄勇，并被黄勇欺骗到家中。黄勇让路某玩"智能木马"的游戏，还说只要通关了就能得到钱。结果路某被黄勇勒死了，他的尸体也被黄勇肢解后埋在了自家的后院内，他的衣服则被黄勇全部焚烧了。

时隔近一年后，黄勇又在游戏厅骗走了一个年仅17岁的男子王某，他对王某说想要得到工作，就必须得通过"智能木马"的测试。王某也被黄勇勒死，他的尸体和衣服的处理方式与路某一样。

2003年1月，又有一个学生上当了。黄勇在处理完死者的尸体和衣服后，继续到游戏厅和录像厅寻找目标，此时春节才刚过了一天。在录像厅，黄勇认识了一个 18 岁的学生韦某。黄勇提出要出钱资助韦某上学，然后将韦某骗到家中杀死。

2003 年 2 月，黄勇在一家电子游戏厅一下骗走了两名学生陈某、韩某。两个人显然不能用"智能木马"，于是黄勇就将两人灌醉，然后将两人分别勒死。黄勇在处理两人的尸体时留下了一双手，这是陈某的手，他将这双手装进了一个纸袋中。然后黄勇就写了一封勒索信，为了避免被人认出字迹，就用尺子比量着写完了勒索信。在 3 月 2 日，黄勇趁人不注意，将准备好的东西扔到了一个电话超市的门前。但超市的老板并不上当，黄勇因此没有勒索成功。

几日后，黄勇继续寻找目标。仅仅在 3 月份这一个月，就有 5 名年轻男子上当，被黄勇杀害并肢解。到了 4 月份，黄勇又杀死了 2 名年轻男子。他还将死者赵某的自行车卖掉，所得的 110 元都被黄勇挥霍掉了。

之后很长一段时间内，黄勇都没有杀人，直到 7 月份才从网吧骗走了一名正在查高考分数的学生陈某。黄勇告诉陈某，他有办法帮助陈某提高分数。将陈某骗到家中后，黄勇继续骗道："这个'智能木马'是测试你的反应能力的，你上去试试。"就这样，黄勇再一次利用"智能木马"将人杀死。

年仅 18 岁的学生冯某与黄勇在一家网吧认识，随后就被黄勇骗到家中杀害。黄勇杀死冯某后，将他的尸体肢解并埋在了西边的卧室内。

年仅 17 岁的学生秦某是黄勇杀死的最后一个人，他和许多被害者一样，都是在一家网吧与黄勇认识的，然后就被黄勇骗到家中并杀害。

与普通杀人犯不同，黄勇属于典型的变态杀人狂，他杀人的唯一动机就是为了满足自己变态的心理需求。

黄勇自小就生活在一个偏僻的小村庄里，是一个看起来十分普通的农民，他的父母也是农民，他还有两个弟弟。在父母和兄弟们的眼中，黄勇是个很好相处的人，就是性格有点内向。黄勇的学习成绩不怎么样，在小学时还留过级。

黄勇从 10 岁起就迷上了到录像厅看录像，他对侦破、暗杀类的片子尤其感兴趣。黄勇最喜欢一部名叫《自由杀手》的片子，剧中的杀手就是他的偶像。于是，黄勇就有了当杀手的梦想。

由于性格内向，黄勇并没有什么好朋友，他也不可能将心中的想法说给他人听。从那以后，黄勇每天都沉浸在自己的想象之中。他想象着自己成了影视剧中的杀手，深得人们的敬畏。在周围人的眼中，黄勇并不是一个喜爱与他人交流的人。黄勇总是独自一人待着，这样他就能尽情地沉浸在自己的想象中。后来，黄勇渐渐不再满足于这种想象，他开始有了杀人的计划。

黄勇的身材很一般，不高也不壮，他为了让自己的杀人计划顺利进行，就将一架压面条机改装成了杀人机器。值得注意的是，被黄勇杀害的都是男性。因为在黄勇看来，只有杀男人方能显示出他的英雄气概。

对于一个普通人来说，杀人犯是可怕的，像黄勇这样的变态杀人狂尤其可怕。对于警察来说，变态杀人狂所犯下的案件往往很难破获。像黄勇所犯下的系列谋杀案，如果不是最后一名幸运儿张某成功从黄勇手中逃脱，可能会有更多的人死在黄勇的手上。

变态杀人狂之所以难觅踪迹，与他的杀人动机有很大的关系。警方在破案时，除了线索和证据外，通常都会考虑到杀人动机，例如谋财、仇杀、情杀等。有些时候，在没有线索的情况下，杀人动机往往可以帮助警方寻找到新的线索。但是，变态杀人狂的杀人动机却非一般杀人犯所能及，他杀人只是为了满足自己的心理需求。此外，变态杀人狂总是找陌生人下手，这也给警方的破案带来了困难。

对于变态杀人狂来说，他们最喜欢在杀死被害人之前，折磨被害人。如果被害人表现得越恐惧、越痛苦，变态杀人狂就越兴奋。对他们来说，他们不会感同身受，只会从他人的痛苦中感受到快乐。

同情心是我们每个人都具有的一种道德能力，我们会因为他人的痛苦而感到难过。但对于像黄勇这样的变态杀人狂来说，对同情心很陌生，即缺乏同情心。有了同情心，我们就可以对他人的痛苦和恐惧感同身受。但对于变态杀人狂来说，他们根本不具备这样的道德能力，不会觉得折磨或杀死一个人是一件多么残忍的事情。不少变态杀人狂在杀人时都会觉得兴奋，甚至还能体会到性高潮的快感。这对于普通人来说是无法接受的，但变态杀人狂却不这么想。

此外，我们还具有内疚的道德能力，这也是变态杀人狂所没有的。如果变态杀人狂会觉得内疚，那么他就不会连续作案了。上述案例中的黄勇之所以会放走张某，不是因为觉得内疚，而是因为张某的话是为他考虑的，张雷说会为他养老，这或许让许久都未得到他人关心的黄勇有所触动了。

连环杀手作案——系列谋杀

1982 年 8 月 18 日，香港湾仔的一家照相馆接到了一单冲印照片的生意。当照相馆的职工将这些照片冲印好后一看，吓掉了半条命。这些照片上的内容十分恐怖，都是一些人体肢解的画面。该职工立刻选择了报警，警察看过这些照片后觉得很可疑，便决定进行调查。当照片的主人来取照片时，当场拘捕了他。

被拘捕的男子面相非常清秀，今年 27 岁，是个出租车司机，名叫林过云。当警方来到林过云的家中时发现了更多更恐怖的东西。林过云的家中有 40 套录像，其中 3 套都与尸体肢解和奸尸有关。此外，警方还在林过云的家中发现了许多女性性器官。林过云对自己所犯下的罪行供认不讳，还带着警方在铜锣湾大坑山坡草丛中找到了他隐藏的两具女尸。

林过云杀死的第一名女性是个舞厅领班，名叫陈凤兰。这是一件曾经困扰了警方很长时间的悬案。陈凤兰的尸体是被一家建筑公司的工人发现的，工人们在河中工作的时候，意外发现了一个类似人头的东西，就打捞了上来，结果发现居然是颗已经腐烂的女人头颅。

警方在接到报案后，立刻赶到河边，并且开始沿着河流寻找尸体的其他部分。结果警方在一处浅滩发现了被人为切断的人腿，人腿被包裹在一个照相馆的黄色大塑料袋里。不久后，死者的手臂也被警方找到了。经过鉴定，警方认为死者就是不久前失踪的陈凤兰。

在接下来的案件调查中，警方排查了所有和陈凤兰有关的人，但却没有找到丝毫线索。于是，这起恐怖的谋杀案就被搁置下来了。

根据林过云的交代，陈凤兰死于 1982 年 2 月 3 日。那天凌晨，陈凤兰刚从舞厅下班，整个人醉醺醺地就上了林过云的出租车。陈凤兰看着林过云不像什么坏人，就放松了警惕，在林过云提出带着她到观塘等地兜风时也轻易答应了。

林过云将陈凤兰带到了自己家附近，并找到一根电线，将沉睡中的陈凤兰给勒死了。林过云将陈凤兰的尸体搬到了自己的家中，看着陈凤兰的尸体，林过云突然有了性冲动，于是就开始在尸体上发泄自己的性欲。事后，林过云拿出照相机，想拍些照片。林过云决定将尸体摆出他想要的姿势，但由于尸体已经僵硬了，根本不听使唤，林过云只能用胶带将死者的肢体粘住。拍完照片后，林过云又拿着 DV 机对着尸体录影。做完这些后，林过云就将尸体藏了起来，开始躺在床上回味杀人的兴奋感，等兴奋感渐渐消散后，他就开始思考怎么处理尸体。

最终，林过云决定将尸体肢解后再抛尸，他觉得这样最安全。第二天一早，林过云就用从陈凤兰钱包里找到的钱去购买了电锯。在肢解尸体的时候，林过云觉得那对乳房十分性感，便先把乳房割下来，然后泡在白酒中，他决定将其收藏起来。此外，林过云还将整个肢解尸体的过程都用 DV 机录了下来。

晚上，林过云将放在袋子中的尸体碎块搬到了出租车上，并开车到城门河弃尸。林过云觉得尸体会随着河流被冲进大海，这样他杀人的事情就能神不知鬼不觉。但没想到几天后，陈凤兰的尸体就被在城门河工作的工人们发现了。

1982 年 5 月 29 日，一个名叫陈云洁的女性在下夜班后坐上了林过云的出租车。林过云将车开到一处无人的地方后就停了下来，他说汽车出了毛病得检查一下。林过云趁此机会将准备好的匕首和手铐拿了出来，这些都是他在处理完陈凤兰的尸体后专门买的。

回到车上后，林过云用匕首威胁陈云洁，然后给陈云洁戴上了手铐。之后，林过云就用电线勒死了陈云洁。后来，林过云将陈云洁的尸体带回了家，并开始肢解尸体，同样将整个过程都录了下来。林过云好像对女性的乳房有着很深的迷恋，他在肢解陈云洁的尸体时，再次刻意将乳房留了下来，并储藏起来。

完成这些后，林过云开始思考选什么地方抛尸。林过云刚看过和陈凤兰有关的新闻，知道城门河已经不是最安全的选择了。突然，林过云想到了港岛铜锣湾。这里属于高档住宅区，很少有人来。林过云载着装进麻包袋的尸体来到了一片山地，将这些麻包袋都扔到了山坡下。

很快，林过云就看到有关陈云洁失踪的报道。林过云为此还担心了几天，但由于警察一直没有找到线索，林过云就渐渐放下心来，开始寻找下一个猎物。

1982年6月17日的凌晨，在夜总会上班的梁秀云坐上了林过云的出租车。林过云将梁秀云勒死后，便将她的尸体运回了家，并开始肢解和拍照。由于陈云洁的尸体一直没有被发现，林过云就觉得这个抛尸地很安全，于是将梁秀云的尸体也扔到了上次抛尸的山坡下。

1982年7月2日的晚上，一个名叫梁慧心的17岁女学生坐上了林过云的出租车，当时梁慧心刚参加完谢师宴，并与两个同学在地铁站分别。

当出租车开了十来分钟后，林过云就亮出了匕首。梁慧心吓坏了，以为自己会遭到强奸，于是开始求饶，希望林过云能放过她。林过云答应梁慧心不会强奸她，梁慧心没有想到林过云是想杀死她。

这一次，林过云在取走"猎物"的性命前，还和梁慧心聊了一个小时，话题主要涉及学校、家庭、前途和宗教，甚至还有灵魂。林过云对梁慧心说，他曾和天父接触过，他是天父专门挑选的杀手。林过云没有骗梁慧心，他的确信仰天父，并在一个人时会和天父"拥抱"。

与前三个被害者不同，林过云对梁慧心的印象十分深刻，他在杀死梁慧心后产生了内疚。在林过云被捕后，他承认这是唯一一次让他后悔的行动，他也不明白自己为什么会向梁慧心下手。

林过云被捕后，香港警察给他起了一个"香港屠夫"的外号。如果不是洗照片暴露了罪行，将会有更多的女性死在林过云的手上。林过云总会在雨夜下手，他声称下着雨的夜晚能让他感到格外的兴奋。

警察通过审讯从林过云那里了解到，他原名叫林国裕，有一个非常不幸的童年。林过云对父亲的印象十分糟糕，他的父亲在教育他的时候总是很严厉，动辄就打骂。有一次，林过云因为吃饭前没对家人说"吃饭"两字，当即就被父亲扇了一耳光，还被父亲狠狠地撞向墙壁。因此，林过云与家人的关系非常冷淡。

长大后，林过云虽然并未从家中搬走，但却从来不和家人吃饭聊天，总是自己一个人待在房间里，家人也从来不关心林过云到底在干什么。林过云将陈凤兰杀死后，便趁着家人不在家将尸体搬回了自己的房间。林过云在杀死梁秀云后，同样将尸体搬回了家，而且就藏在客厅的沙发下面。这是因为，林过云的床底下已经藏了两个人的尸体器官以及装着照片的盒子、摄影器材，根本藏不下梁秀云的尸体了。林过云将尸体藏好后，就假装坐在沙发上看报纸，等家人外出后，他就开始肢解尸体并拍照。

像林过云这样的杀人犯有一个特殊的称呼，即连环杀手。连环杀手又称连续杀人犯，会接连不断地杀人，而且能从杀人中感受到快乐。首次提出连环杀手这个概念的是美国联邦调查局的特工罗伯特·K.雷斯勒，他因为分析连环杀手的心理而名声大振。

在美国加利福尼亚州萨克拉门托市北部曾经发生过一起十分恐怖的命案，死者被凶手残忍地剖开了腹部，案发现场十分血腥和恐怖。当地警方从来没有遇到过这样的命案，就跟雷斯勒取得了联系。

于是，雷斯勒就为这起凶案的凶手进行了心理侧写，根据凶手的作案手法、时间和地点，推测出了凶手的个性、职业和生活情况。凶手被抓住后，警方发现雷斯勒所做出的推测十分准确。

在雷斯勒看来，在确定一个杀人凶手到底是不是连环杀手时，需要满足两个主要特征，即至少有 3 个人被害，被害者基本上都是陌生人。

连环杀手之所以会像寻找猎物一样不停地杀人，很大程度上是因为他们对杀人上瘾，从杀死第一个人开始，一段时间不杀人就会十分焦虑。连环杀手在杀人之后，会获得一种心理上的满足感，从而可能会暂时回归正常生活之中，但当这种满足感渐渐消失后，连环杀手就会想着再次杀人，并最终付诸行动。连环杀手往往只会有两种结局，要么被捕，要么自杀。很少有连环杀手会主动停手。

此外，大多数连环杀手通常都有社交障碍，没有稳定的人际关系，而且都是单身。例如上述案例中的林过云，虽然与家人同在一个屋檐下，但却完全没有交流，或许他也不知道该怎么与人交流。

有组织的谋杀——恐怖主义

1995 年 4 月 19 日上午 9 点 04 分，美国俄克拉荷马城中心发生了一起爆炸案，一声巨响过后，一座 9 层高的大楼被炸毁了三分之一。爆炸波还危及了周围的楼房和住宅。在爆炸发生时，大楼里不少人正在上班。在这座大楼的第二层有个托儿所，许多人都将孩子托付在这里。

爆炸案发生后不久，救援人员就赶到了。美国联邦调查局也立刻成立了调查小组，以追捕制造爆炸案的恐怖分子。FBI 认为制造爆炸案的人很可能来自 3 种组织。第一种是国际恐怖主义，很可能与两年前的世贸中心爆炸案属于同一团伙所为；第二种是贩毒组织，利用爆炸报复美国缉毒警，因为美国缉毒警的办事处就设在这座大楼里；第三种是基督法西斯主义团伙。

在爆炸发生 90 分钟后，制造爆炸案的恐怖分子就被抓住了，他是个退伍军人，曾经参加过海湾战争，名叫蒂莫西·詹姆斯·麦克维。麦克维在制造了爆炸案后就开车逃走，结果被巡警发现他的车没有车牌，被拦截下来。结果，巡警又在麦克维的汽车上发现了暗藏的武器，巡警觉得他非常可疑，就将他逮捕。

被拘留后，麦克维显得很不配合，他根本不接受审问，直接提出了要见律师的要求。后来，不少人都得知了爆炸案犯罪嫌疑人被抓的消息，于是都聚集在监狱外面。麦克维知道后，十分恐惧，他担心自己会遭遇不测，于是就提出了新的要求——穿上防弹背心或用直升机转移。但这些要求都被拒绝了。

不久后，一个新的犯罪嫌疑人主动投案自首，他就是特里·尼科尔斯。调查人员在搜查特里的住所时，发现了大量罪证，例如制造炸弹所用的原料硝酸铵和起爆雷管以及有关炸弹制造的书籍。

虽然抓住了两名犯罪嫌疑人，但 FBI 认为这起爆炸案的幕后主使还未被抓捕。于是，FBI 将约旦籍的美国人易卜拉欣·艾哈迈德列为主要嫌疑人。艾哈迈德居住在俄克拉荷马，而且在爆炸案发生的当天离开了美国前往约旦。在艾哈迈德被捕后他辩解说，他去约旦只是为了看望家人。很快艾哈迈德就被释放了，FBI 通过调查发现艾哈迈德与爆炸案之间不存在任何关联。而这起爆炸案的主谋早就被捕了，他们就是麦克维和特里。

麦克维与特里是在接受美国陆军训练时认识的，他们有着共同的兴趣爱好。1993 年，FBI 与大卫教派发生了激烈的冲突，不仅导致 76 人死亡，还使得大卫教派的总部韦科镇的卡梅尔庄园变成了废墟。

麦克维与特里得知该事件后，十分气愤，认为联邦政府处理不当，还专门到卡梅尔庄园纪念了一番。当麦克维看到那片废墟后就更加生气，他决定要用一种极端的方式来向联邦政府表明自己的立场，他认为炸毁一座联邦建筑物是最好的选择。但后来他却改变了主意，他认为仅仅摧毁一座建筑物简直是小打小闹，根本难以引起政府的注意，他觉得死的人越多，就越能向政府表明自己的立场。

接下来，麦克维开始选择目标大楼，他认为美国枪支及爆炸物管理局、联邦调查局和美国缉毒局都可以成为他的爆炸目标。

不过麦克维只想炸死政府人员，不想让更多普通民众丧生，于是就先排除了位于阿肯色州的大都会国家银行大厦，因为大厦的一楼有一家花店。1994 年 12 月，麦克维来到了俄克拉荷马城，并将艾尔弗雷德·P.默拉联邦大楼当成了自己的目标。

艾尔弗雷德·P.默拉联邦大楼是以一位联邦法官的名字命名的，一共有9层高。在这座大楼里办公的政府机构一共14家，其中就包括麦克维要报复的对象——美国缉毒局和美国枪支及爆炸物管理局。

其实早在麦克维策划爆炸案之前，就已经有人盯上了这座大楼。1983年10月，詹姆斯·埃里森和理查德·斯内尔等人就决定在这座大楼前实施一起爆炸，他们决定在大楼前停放一辆小货车或拖车，然后用火箭弹炸毁。他们几个人都是白人至上主义组织的创始人。不过这起爆炸并未按时进行，原因是斯内尔因为谋杀罪被判处了死刑，而死刑的执行日期与爆炸案的预定日期是同一天。

麦克维对艾尔弗雷德·P.默拉联邦大楼的设计十分满意。大楼的大门是玻璃制成的，还有很大的落地窗，这样就能被炸弹轻易地击碎，甚至可能在爆炸波的威力下全部摧毁。这样就能达到麦克维想要的爆炸效果。其次，大楼的附近还有一个宽大的开放式停车场，这能避免大楼附近的住宅受到爆炸的波及。最关键的是，麦克维还发现大楼周围有十分广阔的空间，拍照的时候非常方便。这样，他所制造的爆炸就能迅速地被传播出去，从而引起政府的重视。

接下来，麦克维便和同伙一起搜集制造炸弹所需的原材料。有些材料麦克维会花钱购买，有些原材料则是从枪支收藏家那里抢来的，此外他还抢走了价值6万美元的枪支和金银珠宝。在制造好炸弹后，麦克维还专门进行了引爆实验，以观察炸弹的威力，他将引爆地选择在了沙漠之中，这样能逃避监控。

最后，麦克维开始挑选爆炸实施的时间，他决定在1995年4月19日这天引爆炸弹，因为这天既是韦科惨案两周年，还是列克星敦和康科德战役的

220周年，他觉得意义非凡。就这样，一场震惊美国和世界的恐怖袭击发生了。

恐怖主义所造成的危害十分巨大，而且受伤害的都是普通的无辜民众。恐怖分子之所以要制造恐怖袭击，就是为了打击政府，他们的目标也是以政府为主。恐怖分子通常有两种动机，一种是赢得支持者，另一种则是达到恐吓、威胁的目的。

恐怖主义被分为3种类型，即演示式、破坏式、自杀式。

演示式恐怖主义的主要目的并不是带来破坏或是造成人员伤亡，只是为了得到大众的关注和支持。因此，此类恐怖分子一般会采取挟持人质、劫机、事先预报的炸弹袭击等方式来达到自己的目的。

破坏式恐怖主义的主要目的是威胁和获得支持，因此恐怖分子会对特定人群下手，从而争取其他人群的支持甚至是同情。

自杀式恐怖主义是最为激进的一种，为了制造恐怖袭击甚至不惜搭上自己的生命。自杀式恐怖主义并不常见，最著名的就是美国"9·11恐怖袭击事件"。

2001年9月11日，美国发生了一起严重的恐怖袭击，来自中东的恐怖分子劫持飞机并撞毁了世贸中心和五角大楼，不仅造成了3000余人丧生，还给美国带来了严重的经济损失，被认为是发生在美国领土上的最严重的恐怖袭击。

"9·11恐怖袭击事件"发生后，美国总统小布什从众议院那里获得了对恐怖分子实施武力的授权，而民意调查也显示，90%的群众支持总统发动反恐战争。整个美国各地的军队都进入了最高的戒备状态。

参与"9·11恐怖袭击事件"的恐怖分子根本就没考虑过后路，他们来到美国就是为了执行任务和送死。这些恐怖分子来自于一个恐怖主义组织，该组织的领袖就是奥萨马·本·拉登。不过，塔利班却声明这次恐怖袭击并非本·拉登所为。对此美国政府当然不相信，依旧将本·拉登定为恐怖袭击的头号嫌犯。

本·拉登是个传统而激进的穆斯林，信仰伊斯兰教。在本·拉登及其组织成员看来，美国所倡导的文化与伊斯兰传统的文化、生活方式完全背道而驰。

在这样的情形下，本·拉登建立了一个恐怖主义组织，该组织所宣扬的口号就是进行一场反美圣战。该组织的成员十分激进，根本不会考虑自己的后路，因为他们相信自己的死亡是为了殉教，将来一定能升入天堂。

通过"9·11恐怖袭击事件"所造成的后果及其影响，可以得知自杀式恐怖主义是所有恐怖主义当中最危险的，恐怖分子利用这种两败俱伤的方式制造出了最严重的恐怖袭击。

Criminal Psychology

第四章

亲密爱人另一面——

家庭暴力

当爱人变敌人——家庭暴力初始

在陕西女子监狱中，有一个名叫蒋某的女犯人，她已经服刑 7 年了，因故意杀人罪被判处了无期徒刑。蒋某杀的人是她的丈夫，她既是行凶者，也是受害者。

蒋某本是一名儿科医生，她与丈夫是在医院认识的，之后两人互有好感，便谈起了恋爱。蒋某与丈夫谈了 7 年恋爱后，终于走进了婚姻的殿堂，她本以为会从此过上幸福快乐的日子，但没想到，从 2004 年起她的噩梦就开始了。

2004 年的某一天，蒋某的手机突然接到了一个陌生号码发来的短信。这是一条充满了暧昧言语的短信。起初蒋某并未放在心上，但没想到丈夫看到这条短信后，对蒋某产生了怀疑，不论蒋某如何解释，他都不相信。于是，蒋某就忍不住与丈夫发生了争吵。

争吵中，丈夫突然对蒋某动了手，这让蒋某又害怕又吃惊。这是蒋某第一次遭遇家暴，同时也是她噩梦的开始。丈夫打完蒋某后，立刻表示后悔，他不停地向蒋某认错，声称自己是无意的，是被气急了才会动手的，并且还保证从此以后决不动手。

之后的一段时间内，蒋某过上了平静的生活。但夫妻毕竟生活在一起，很容易因为一些琐事发生争吵。每当蒋某与丈夫发生争吵后，丈夫就会拿几年前的那条短信说事，而且吵着吵着就会对蒋某动手。

再也无法忍受的蒋某决定逃离这样的家暴生活，她想到了离婚，但丈夫根本不同意，还威胁蒋某。蒋某也曾想过向单位的妇联寻求帮助，但都无济于事。

渐渐地，蒋某不敢回家了。丈夫对于蒋某而言，不再是浪漫的爱人，而是成了一个亡命徒，随时可能给蒋某带来伤害。蒋某每天都生活在恐惧之中，她不知道什么时候丈夫的拳头就会落到她的身上，甚至害怕自己会死在丈夫手里。

最后，蒋某将所有的希望放在了娘家身上，她希望亲人能帮助她脱离苦海。蒋某的丈夫好像知道了她的想法一样，每天都对她严加看管，不给她一点儿求救的机会。有一次，蒋某得到了一个千载难逢的机会，她趁着丈夫不注意准备逃走，但当她打开门后，丈夫却突然出现了，而且还用刀抵着蒋某的后背。这让蒋某十分恐惧，她质问道："是不是只有我死了，你才会放过我。"丈夫威胁道："你还有姐姐和父母，到时候我将他们一块儿炸死！"

丈夫的威胁彻底将蒋某逼上了绝路，她开始变得绝望起来，她既想脱离这种困境，又害怕丈夫会伤害她的家人。走投无路之下，蒋某想到了一个办法，她觉得只有丈夫死了，她才可以获得解脱，家人才能安全。于是，蒋某就杀死了丈夫。而她自己也因此付出了沉重的代价，被判处无期徒刑，余生都将在监狱中度过。

夫妻本是一种十分亲密的关系，但在家庭暴力中，常常会出现攻击爱人的现象。在上述案例中，我们可以发现一种十分矛盾的现象，爱似乎与暴力共生了，尤其是在蒋某第一次遭遇家暴时。

在许多人看来，暴力是不可能与爱共存的。但在家庭暴力中，这种矛盾却常常会出现。除了夫妻之间的家庭暴力外，亲子间的家庭暴力也非常常见，而且这种家庭暴力往往有虐待儿童的影子。不少父母为了望子成龙或望女成凤，会在子女出现错误时进行处罚，甚至会拳脚相加。而且，我们还有"棍棒底下出孝子"的传统观念。

当丈夫殴打妻子时，他使用了暴力。可是在事后，却会出现悔过的情况，丈夫会恳求妻子原谅他。在许多案例中，妻子在第一次遭遇家庭暴力时都会选择原谅丈夫。一些深受家庭暴力伤害的女性会选择容忍，因此这种被掺入了家庭暴力的婚姻也能维持很长时间。这些女性之所以没有选择离开丈夫，其中有许多因素。最重要的两个因素就是为了孩子和自身受教育程度低。

汪某是典型的为了孩子忍受家庭暴力的女性。汪某受过高等教育，毕业于一所著名的大学。在毕业后，汪某就留在老家当历史老师。

两年后，汪某结婚了。汪某的收入虽然比丈夫高，但每次用钱都得朝丈夫要，因为丈夫管着她的工资卡。最让汪某难以忍受的是，爱打牌的丈夫每次输钱后，都会拿她出气。起初丈夫只是对汪某拳打脚踢，后来就随手抄起擀面杖、鞋或皮带殴打汪某。

被殴打的次数多了，汪某怎么求饶都没用，就只能央求丈夫不要打脸，因为汪某不想让同事和学生知道。为了掩盖身上的伤，汪某总是把自己捂得严严实实的，即使在炎炎夏日也从不穿短袖衣服。

汪某也曾想过求助，但她在当地并无亲人，她的父母都在外地打工，弟弟妹妹也都在上学。最让汪某难以忍受的并不是疼痛，而是不知道什么时候会挨打，面对喜怒无常的丈夫，汪某每天都生活在提心吊胆中。有一天晚上，汪某正在睡觉，突然被惊醒了，因为输钱回家的丈夫心情很不好，就直接跳到床上，穿着皮鞋踩汪某的脸。后来，丈夫把床都给跳塌了。就算这样，丈夫还是没有放过汪某，将摔在地上的汪某殴打了一顿。

离婚这样的念头，汪某想了不止一次，但只要想到孩子，她就退缩了，她想给孩子一个完整的家。有一次，汪某在挨打后下定决心要和丈夫离婚，于是就到法院起诉，但这项离婚申请却被驳回了。丈夫得知后，哭着求汪某，还写了保证书。看到痛哭流涕的丈夫，汪某选择了原谅，她觉得为了孩子还是要忍耐下去。不过这种悔改只是暂时的，丈夫一不顺心还是会殴打汪某。汪某在忍无可忍的情况下，杀死了丈夫。

在夫妻之间的家庭暴力中，可能出现两种情况。第一种十分常见，即丈夫殴打妻子。而第二种情况则比较少见，即妻子虐待丈夫。在不少家庭暴力的案例中，丈夫都会有相当充足的理由去殴打妻子。虽然有些施暴的丈夫会出现悔过或道歉的行为，但很少是出自真心的，而且很容易再次施暴。有些施暴的丈夫甚至从来不会悔过，不仅否认施暴的事实，还会给自己的施暴行为找借口。

张某来自一个贫穷的农民家庭，没有受过什么教育，她的母亲很早就过世了，她和 4 个姐妹是由父亲独自一人带大的。到了婚嫁年龄时，张某经人介绍后结婚了。张某是个没主见的人，她其实并未看上要结婚的丈夫，甚至一看到他就害怕。不论怎样，张某还是嫁给了这个男人。

婚后的生活对张某来说十分痛苦，她不仅得忍受来自丈夫的辱骂，还要忍受丈夫的拳头。张某也曾想过求助，但她不知道谁能帮助自己。有一次，张某将自己被打的事情告诉了弟媳。丈夫得知后，十分生气，就将张某捆起来打了一顿。这样一来，再也没人肯帮助张某了，张某自己也不敢再求救，不然就会招致更加严重的殴打。

张某开始认命了，她希望能熬到孩子长大，这样她就解脱了。可是让张某更加难以接受的是，丈夫不仅殴打她，还会打孩子。有一次，张某觉得生无可恋了，就喝下了一整瓶老鼠药，她想通过死亡来获得安宁。结果，邻居及时发现了张某的行为，并将她救了下来。

张某最后一次挨打是在父亲去世一周年的日子，那天中午吃过饭后，丈夫将张某拖到院子里殴打她，打得她鼻子流了许多血。到了晚上，张某在给丈夫加热饮料时，往里面倒进了一瓶安眠药。到了半夜，丈夫突然苏醒，并挣扎着喊救命。张某没有给他求救的机会，她不知哪来的勇气，直接骑在了丈夫身上，一只手死死地掐住了丈夫的脖子，另一只手则抓住了一张板凳并用力砸向丈夫。最后，张某将丈夫打死了。死者的身上都是血，就连地上和墙上也到处是血迹。平静下来后，张某选择了自首，她被判处15年有期徒刑。监狱的生活对于张某来说反而是平静而安全的。

有些女性因为受教育程度低，在遭受家暴时不知道该怎么寻求帮助，例如上述案例中的张某。此类女性受害者还在经济上依赖丈夫，就像张某一样，没有什么技能，也没有外出打工的机会。

此外，有些女性在被家暴后不敢寻求帮助，她害怕丈夫会报复自己的家人，于是只能选择隐忍。最后通常只会有两种结局，要么被丈夫殴打致死；要么奋起反抗，将丈夫杀死。

施暴者与受害者——暴力二维度

2016 年 11 月 15 日中午，福建省莆田市一户居民家发生了纠纷。一对老夫妇拨打了报警电话，他们告诉警察自己的女儿小分被婆家关了起来，打电话也不通，他们很担心女儿会受到伤害。这对老夫妇希望警察能强行让小分婆家将小分放出来。但警察却以普通夫妻纠纷为由拒绝了。

此时此刻的小分正处于水深火热之中。小分趁着丈夫不注意，跑到房间窗户处朝楼下大喊："孩子被抱走了！"丈夫听到后，立刻从房间外冲进来，将窗户关上，然后开始施暴。

婆婆看到小分挨打，不仅没有阻拦，还充当了帮凶，帮助施暴者掐住小分的脖子，并不停地击打小分的头部和腹部。小分在头部受到重击后，就开始变得迷迷糊糊起来，根本感觉不到自己到底被殴打了多长时间。而小分的电话则被丈夫摔碎在地，内存卡也被扔到了水里。

几个小时后，小分的父母终于见到了女儿。此时的小分已经没有了意识，根本走不动路了，是由婆婆和丈夫托扶着下楼的。当即，小分的父母就上前责问道："你们家暴我女儿！"对此，丈夫和婆婆立刻否认。很快，小分就搭乘警车到医院接受治疗。

被家暴的小分还是个刚刚产后 8 天的产妇。小分在 2016 年 2 月份与丈夫领取了结婚证，不久后便顺利怀孕，5 月份办了婚礼。按理说，小分的婚姻生活应该是幸福美满的。但让小分不能接受的是，她的婆婆用三从四德的要求来管她，不仅不让小分与朋友往来，就连父母也只能偶尔探望。对此，小分提出了异议，她觉得这样不合理。小分因此引起了公婆的反感以及丈夫的拳脚相加。有时候，小分被家暴时，公婆也会出手帮助丈夫一起施暴。

2016 年 7 月，小分再次与公婆、丈夫发生了争执。这次丈夫不仅教训了小分，还给小分的父母打电话，让他们把小分领走，还对小分父母出言不逊。公婆不仅不觉得儿子这样做是不尊重长辈，甚至还觉得儿子可以理所当然地教训岳父母。

第二天，小分婆婆向她提出了一个更过分的要求，婆婆竟然让小分去堕胎，并且承诺会帮小分做小月子。小分自然不同意，她已经怀孕将近 5 个月了，她很想把孩子生下来。于是，小分就决定回娘家。在收拾东西的时候，小分突然发现自己保险箱的钥匙不见了。无奈之下，小分只能收拾了一些衣物就回家了。

回到娘家后，小分就开始想离婚的事情，她觉得自己虽然决定离婚了，但还是要把孩子生下来，然后自己抚养。不过，小分觉得还是等孩子生下来再办理离婚手续。但小分万万没想到，婆家居然主动找上门来了，还要求小分将聘金、首饰退还。

11 月 7 日晚上，小分在医院分娩出了一个健康的男婴。这个时候，婆家一家人出现在了医院，他们是来要孩子的。小分的丈夫对待妻子的态度显得非常冷漠，似乎根本不在意刚生产完毕的妻子，公婆也更加关注自己的孙子。

在医院休养期间，小分在大家的劝说下，决定出院后带着孩子回婆家，她觉得既然孩子已经出生了，就和丈夫好好过日子。于是在婆家提出要孩子的出生证明和小分的身份证时，小分没有犹豫就给了。

11 月 12 日，小分在办理完出院手续后，就和丈夫一起回了婆家。两天后，婆家提出要给小孩上户口，并让小分拿出户口本。小分当即与父母取得联系，但由于她的父母当天有事，并未将户口本送过去。这点儿小事再次激化了小分与婆家的矛盾，当天晚上 10 点左右，丈夫扬言要把小分赶出去，还提出要小分爸爸跪下道歉的过分要求。小分没有与丈夫争吵，只是默默地给娘家打了个电话，希望明天父母来接她。于是第二天，就发生了开头的一幕暴行。

在家庭暴力中，丈夫殴打妻子的事情时有发生，那么丈夫为什么要殴打枕边人呢？这与一个人的认知有着很大的关系，如果一个男人深受男性至上主义的影响，那么就非常可能将妻子看成是自己的所有物，从而不懂得尊重妻子，容易发生在与妻子争吵时被激怒，从而对妻子施暴的情况。

在传统的社会中，男性的权力要远远高于女性，女性完全依附男性而生活，因此即使有男人殴打妻子，也只是家务事，很少会被处罚。在这样的社会中，男性更容易出现殴打妻子的情况。现如今的社会虽然提倡男女平等，但还是有不少男性存在男性至上主义的想法，而有这样想法的男性比主张男女平等的男性更容易殴打妻子。

当然仅仅用男性至上主义的认知来解释家暴现象是不够的。习惯性殴打妻子的男性通常都是现实中的失败者，会受到贫困或失业的困扰。对于男性来说，失业是一件十分严重的事情。一个男人如果失业了，他就会感受到一种前所未有的挫败感，他会担心妻子离自己而去，会担心自己无法继续抚养孩子。为了消解这种挫败感，有些男人会染上酗酒或吸毒的恶习，从而导致自己的行为失控。

如果此时，这些男人再受到男性至上主义的影响，那么就极有可能会向妻子施暴。因为在这些男人的心中，他要用暴力的手段来控制妻子。因此，穷困或失业的男人更容易出现家暴行为。但这并不是说，家庭暴力只会出现在穷人家。虽然不少家暴案例都发生在贫困家庭，但调查显示不少中产阶级的家庭中也会有家庭暴力。

如果一个男人有男性至上主义的想法，除了会殴打妻子外，还很容易出现婚内强奸的家庭暴力行为。性生活是夫妻生活的重要组成部分，尤其是对于年轻夫妇来说。在许多人看来，婚内强奸很难定性，因为这毕竟是人家夫妻二人的私生活。但大多数婚内强奸都伴随着暴力。

丽丽（化名）是甘肃省平凉市某村的一个农民，她在 2003 年经人介绍与同乡的男子马某结婚了。婚后不久，马某就开始因为一些琐事殴打丽丽。在婚后的第 28 天，马某在提出与丽丽发生性关系的要求后，遭到了丽丽的拒绝，丽丽对他说自己的身体不舒服。马某很不满，就开始殴打丽丽，随后强行与丽丽发生了性关系。

之后的几天内，丽丽回了娘家。马某因此很生气，并责备丽丽不想与他好好过日子，在将丽丽强行带回家后，再次殴打丽丽。

2004 年 6 月 26 日的晚上，马某因为一些琐事与丽丽发生了激烈的争吵，并强行与丽丽发生性关系，丽丽坚决拒绝。到了早晨 6 点，愤怒的马某将丽丽捆绑住，并用毛巾塞住她的嘴，然后用刀片在丽丽的脸上割，每割一下，马某就问丽丽："你爱我吗？你恨我吗？"随着脸上的伤口越来越多，丽丽满脸是血，不久后丽丽就昏了过去。等丽丽醒来时，她已经身在医院，是她的父亲将她送进医院的，但为时已晚，丽丽已经毁容了。

婚内强奸与殴打妻子一样都属于家庭暴力。向妻子实施强奸的丈夫通常认为，妻子有义务和丈夫发生性关系，只要他愿意，不管妻子的意愿如何，他都可以与妻子发生性关系。婚内强奸之所以常常伴随着暴力，就是因为丈夫在被妻子拒绝后，很容易恼羞成怒，于是就殴打妻子，让妻子屈服于自己。

此外，有的丈夫在怀疑妻子背叛自己时，也很容易进行婚内强奸，并将这种方式当作是对妻子的惩罚。

作为家庭暴力的受害者，妻子在被丈夫殴打后，除了要忍受身体上的伤害外，还要承受来自精神上的伤害。因此家庭暴力的受害者很容易产生创伤后应激障碍。创伤后应激障碍是心理学上的一个专业术语，通俗来说就是心理创伤没有痊愈，反而成为一种影响生活的心理障碍。

　　每个人的心理承受能力都具有一定的弹性，如果超出了一个人的承受范围，那么这种弹性就会消失。人是一种乐观的动物，总会对未来抱着积极的幻想。人同时还拥有高自尊，即使在外界条件非常消极的情况下，也会安慰自己，从而维护自己的自尊。但如果一个人无法从心理创伤的阴影中走出来，那么就会丧失自尊，会对未来的生活丧失信心。而受到家庭暴力伤害的人就会出现上述的情况，不仅没有尊严可言，还每天都生活在恐惧之中。因此家庭暴力的受害者更容易变得沮丧，不爱与人交往，甚至将自己与外界隔离起来。

以爱之名的杀害——虐待儿童

胡某是看守所中的一名女犯，她因涉嫌过失致人死亡罪而被拘捕，至今她依旧没有从杀人的阴影中走出来，每天都生活在悔恨中，因为她杀害的是自己的亲生儿子。

胡某来自一个农村家庭，文化程度不高，在跟随父母打工后认识了一个在砖瓦厂打工的男人张某，然后胡某就开始和张某同居，两人虽然并未登记结婚，但却像许多普通的夫妻一样生了孩子。

虽然胡某已经为张某生下了两个儿子，但她对这段婚姻并不满意，她的丈夫总是在外面惹是生非，为此夫妻二人没少发生争吵。其间，胡某还试图通过喝农药来威胁丈夫，但丈夫依旧不思悔改。后来，张某因为盗窃罪被判了刑，并在监狱里待了一年。出狱后，张某依旧到处惹是生非，胡某根本劝不住他。而且，张某还养成了打老婆的习惯，稍不顺心就拿胡某出气。

几年后，胡某决定离开张某。因为两人并未登记结婚，所以在分手的问题上有许多因素纠缠不清。最终，胡某要到了一个孩子的抚养权，这个孩子是她的小儿子，名叫小逸。

不久后，胡某就在一家服装厂找到了一份工作，并让小逸在附近的一所小学读书。胡某每天都要工作，所以小逸大部分时间都由外婆照顾。后来，胡某认识了一个新的男人，两人很快就登记结婚了。此后，小逸就开始和外婆生活在一起。

　　小逸的外婆为了贴补家用，每天早上都会到镇上卖菜，并将卖菜用的零钱都装在一个铁皮盒子里。最近一段时间，外婆几次发现铁皮盒子里的钱少了，她开始怀疑起小逸来，不过她害怕冤枉小逸，并未告诉其他人。

　　有一次，小逸趁着外婆家没人时，就偷偷拿走了两个大塑料桶，这是外婆向他人借的，而且价值一百多元，而小逸则将塑料桶卖了6元钱。事后不久，邻居就将这件事告诉了小逸的外婆。外婆本想好好教育小逸一番，但没想到小逸居然离家出走了。

　　一段时间后，小逸回来了，原来他离家出走是去了生父家里，在那里住了几天后就被哥哥送了回来。胡某开始重视起小逸的教育来，和丈夫商量后，就将小逸接到自己身边进行管教。小逸在母亲身边生活得不错，胡某总会带着他买好吃的或去游乐园玩。

　　一天，胡某在交电话费的时候，发现账单中莫名地增加了80元的声讯费。胡某很奇怪，就问丈夫这80元声讯费是怎么回事儿，丈夫也不知道。于是，胡某就打电话咨询。客服人员解释说，这80元声讯费是儿童在看电视时打电话参与各种活动所缴的费用。胡某便开始怀疑是小逸所为，但她并未声张。

　　晚上，胡某就和小逸商量着第二天一起去照相馆拍照，顺便到处逛逛。第二天早上，胡某因为贪睡晚起了一会儿。等她醒来后，发现丈夫已经离开了，家里只有小逸在。胡某没有在客厅看到小逸，就到处寻找小逸的身影，结果却发现小逸在婆婆的屋子里，而且鬼鬼祟祟地不知道在干什么。于是胡某就问小逸在干什么，小逸没说话。

　　胡某突然想起来，几天前听公公说亲戚家丢了东西，她还想到了那80元的声讯费。于是胡某就开始质问小逸，小逸怎么都不承认。在胡某的不停逼问下，小逸开始低头哭泣。胡某的火气一下子就被激发出来了，她随手拿来一根竹竿，开始朝小逸的屁股上打。

起初，胡某只是想教训一下小逸，并没想真打，于是一直控制着自己的手劲。胡某在等小逸道歉，只要小逸认个错，并且保证以后不再随便拿东西，胡某就会原谅他。结果小逸不仅不承认错误，还边跑边喊："你打死我吧。"

胡某的火气因此变得越来越大，她抓住小逸后，不停地拿着竹竿打小逸，就连竹竿断了也不知道。不一会儿，胡某感觉小逸好像不挣扎了，便停下来看看小逸怎么了，谁知小逸突然没了反应，一动不动。胡某立刻有了不祥的预感，就赶紧给丈夫打电话。丈夫回到家后，看到情况不妙，立刻拨打了110和120。

最终，小逸因抢救无效死亡了。导致小逸死亡的原因是机械性窒息。原来，胡某在看到小逸一直躲着她的竹竿后，就用力拉小逸的衣服，她不知道小逸的颈项部已经被衣服勒住了，因此才导致了窒息死亡。

小逸死后，胡某没有一天不是后悔的，她不断地从自己身上找原因，她觉得就是因为自己疏忽了对小逸的教育，才导致小逸染上了偷东西的坏习惯。

提起虐待儿童，我们通常都会想到病态的家庭。对于绝大多数的父母来说，爱孩子都来不及，更谈不上虐待。但病态的家庭毕竟是少数，可虐待儿童的现象却时常发生，这是因为普通家庭总是以爱的名义去体罚孩子。

教育孩子是每对父母应该履行的责任，但如果孩子犯下严重的错误，父母通常会采用极端的方式进行教育，例如常见的体罚。在不少父母看来，体罚是一种稀松平常的教育方式，既不犯法，也合情合理，因为毕竟父母的出发点是为了孩子好。但当父母去体罚孩子的时候，很容易发展成为虐待，例如上述案例中胡金梅在教育儿子时，就出现了虐待。而且调查显示，赞同体罚教育的父母更容易出现虐待儿童的情况。

在孩子的教育问题上，沟通十分重要。如果父母与孩子之间的沟通存在障碍，就会加剧亲子之间的矛盾。一方面，孩子根本不服从管教，会轻易惹恼父母。另一方面，父母因为缺乏沟通，不了解孩子的真实想法，会觉得教育孩子是件十分困难的事情，从而倍感压力。这种压力往往会以殴打孩子的方式发泄出来。像上述案例中的胡某，她觉得自己对儿子挺好的，不仅将生活用品给儿子准备好，还会定期给儿子零花钱，她想不通儿子为什么还要去偷钱。

此外，成年人所面临的社会和经济压力也会导致其虐待儿童。如果一对父母每天都被穷困、失业等问题所困扰，那么势必会产生巨大的压力。这时，如果压力能在亲朋好友的开解下得以释放，那么通常就不会出现虐待儿童的现象。但如果父母根本找不到合理宣泄压力的渠道，那么虐待儿童就会成为其释放压力的方式。例如一位父亲刚刚失业，当他正在为找工作烦恼的时候，突然得知儿子闯祸了，那么他殴打儿子的概率将会大大增加。

当然，这种普通家庭虐待儿童的现象毕竟还是少数的。对于父母来说，孩子毕竟是自己基因的延续。虐待儿童的现象经常发生在重组家庭中，也就是说虐待儿童的人很多都是继母或继父，或者是和儿童血缘关系较远或没有血缘关系的人，例如我们经常看到的幼师虐待儿童的新闻。

2012年5月6日晚上，陕西省平顺县的一家医院抢救了一个名叫申某的7岁女孩。申某被送到医院时，已经全身冰凉。经过检查，医生发现申某已经死亡了，而且浑身上下伤痕累累。

申某的蹊跷死亡引起了平顺县公安局的怀疑，于是在第二天公安局申请司法鉴定中心对申某进行死亡鉴定。鉴定结果显示，申某死于因钝性暴力导致的肠管破裂和腹腔感染。对此，申某的继母李某负有不可推卸的责任。

申某在10个月大时，父母就离婚了，她一直由奶奶带大。后来，申某的父亲申某刚再婚了，她也因此被迫和继母李某生活在一起。李某不仅脾气火爆，还经常虐待申某，申某不仅挨过针刺、锥扎，还被迫手攥火球，至于拳打脚踢对申某来说已经是家常便饭了。而且尸检结果显示，申某的外阴和臀部都有伤痕，就连小指也被人为地割掉了一截。

申某的奶奶知道孙女的遭遇后，就主动找到李某，希望她能善待孩子，还提出要把申某领走，但却遭到了李某的一顿痛骂。申某刚自然也知道女儿受虐待的事情，但却并未放在心上，后来申某刚便外出打工，对女儿的事情就更加不上心了。申某的生母在得知女儿的遭遇后，很想将女儿的抚养权争取过来，但由于怀孕坐月子而耽搁了。

平顺县实验小学是申某就读的学校，她的老师在得知孩子的遭遇后十分痛心，就专门到家中劝说李某不要虐待儿童，并且告诉李某如果再继续下去，就要向妇联请求保护。李某却说："妇联也管不住我教育女儿，就算她死了我也不会判死刑。"

2012 年 4 月 29 日的晚上，李某因为心情不好再次殴打申某，这次她打伤了申某的腹部，申某开始出现了呕吐等症状。李某以为申某只是中暑，只让她吃了点缓解中暑症状的药物。

6 月 17 日的下去，李某外出办事，于是就将申某和自己的儿子锁在了家中。等到晚上她回来时，申某就躺在床下，她过去摸了摸，发现申某的身子已经凉了，于是就赶紧打急救电话，还通知了申某的大伯。可惜为时已晚，花朵一样的孩子就这样凋零了。

在许多神话和童话故事里，继母基本上都是邪恶的化身，例如灰姑娘的故事。但现实远远比童话故事更加残酷，申某经历的一切远远比灰姑娘更加悲惨和可怕。其实除了继母之外，继父虐待儿童的情况也不少见，有的继父甚至会出现杀死继子、继女的情况。此外，继父还有可能会性侵继女。而性虐待也属于虐待儿童的一种，给儿童所带来的心理创伤比殴打更严重。不少遭受性侵害的儿童都会出现强烈的羞耻感。这种心理创伤会延续到儿童长大成人后，并且会对他们的性关系和婚姻产生消极影响。

对于大多数人来说，儿童被生母虐待的情况基本上是不可能发生的，毕竟虎毒不食子。但如果一名女性年纪轻轻就未婚生子，再加上没有稳定的经济来源，那么她虐待自己孩子的概率就会大大增加。

如何决断？——家庭暴力致死

2014 年 3 月 21 日晚上，永州市零陵区警察局接到了一个报警电话。报警人声称，有拾荒者在潇水河大西门码头捡到一个白色纤维袋，袋子里面装着十分恐怖的肉块。

警局最近总是接到类似的报案，不过那些袋子里装的都是些死猪死狗之类的肉块。但这次当警察赶到现场一看，马上确定袋子里的肉块属于人类，因为有的肉块很大，一看就是一个成年男子的躯干。

尸检结果显示，死者的确是一个成年男性，而且体格十分健壮，年龄在 50 岁左右，已经死亡了 5 ~ 6 天。法医并未在尸体上发现明显外伤，但死者的头部和双腿都被人为地砍掉了。

警方在破案的时候，决定从抛尸者入手，于是就开始调取相关路段的视频，希望能从视频中找到可疑人物。经过许多天的努力，警方终于发现了一个在凌晨时分出现的可疑人物，这是一名女性，在 3 月 17 日的凌晨出现在潇水河边，最关键的是她还用拖车拖着一些白色的物体，而发现尸体的装尸袋就是白色的。

很快，视频中可疑女子的身份被确认了，她姓郑，与死者关系十分密切，死者周某是她的丈夫。而且根据警方的了解，周某在 3 月 16 日就消失了，手机也未留下任何记录。这样，这名郑姓女子就成了本案最大的嫌疑人。

4 月 13 日，警方在搜查郑某的住所时，发现了死者周某的头部。这下就坐实了郑某的杀人事实，于是郑某被警方带走了。

审讯过程中，郑某承认自己的确是杀害周某的凶手，但同时她也是一个常年受到家庭暴力的受害者，她经常会遭到丈夫周某的殴打和虐待。

2014 年 3 月 15 日晚上，周某喝得醉醺醺的就回家了。到家后，周某开始找碴，起初只是辱骂郑某。郑某看到他喝醉了，并未计较，还给周某倒了一杯开水。周某不仅不领情，还责怪郑某想毒死他，于是周某就随手抄起一根钢管开始殴打郑某。郑某一边挨打一边心生怨恨，她觉得自己已经忍受了十多年的家庭暴力，实在忍受不了了，于是就从周某手中抢走钢管，并用力敲向周某的头部。最终，周某被郑某打死了。

周某死后，郑某开始肢解尸体，她将尸体肢解成了三部分，即躯干、双腿和头部。3 月 18 日，郑某将尸体的躯干和双腿装进了一个白色纤维袋里，并在凌晨时分将装着尸体的袋子扔到潇水河中。至于死者的头部则被郑某留在家中，她害怕有人认出死者。一场家庭暴力酿成的惨剧就这样发生了。

女性遭受家庭暴力摧残的现象在社会中十分常见，不论是哪个国家都会存在。不少女性不仅会遭到丈夫的殴打和强奸，甚至还要遭受来自丈夫的心理虐待。遭受家庭暴力的女性本来就自尊心低，如果丈夫再对其进行心理虐待，例如当着亲朋好友或众人殴打或辱骂妻子，那么就很容易患上压力紊乱症，从而长时间都处于恐惧和沮丧之中。这时候，这些家庭暴力的受害者就很有可能会转变成杀人凶手，即杀死一直向她施暴的丈夫。例如在一起家庭暴力杀人案中，张某因为长期受到丈夫的殴打和强奸，愤然杀死丈夫后还连刺了 40 多刀，最后还割掉了他的生殖器。那么在此类案件中，法律都是如何决断的呢？

果某是个家庭暴力受害者，她自从嫁给丈夫刘某后就一直饱受毒打。每次挨过打后，果某还会被丈夫威胁，如果她敢离婚，丈夫就会杀死他们的儿子和果某的父母。在果某实在忍受不了的时候，曾经向当地村委会和妇联寻求帮助，有时候甚至会报警。刘某因此受到了多次行政处罚。但刘某却丝毫没有悔改之心，稍有不顺就会殴打果某。

2015 年，忍无可忍的果某向法院提起离婚诉讼。但不久果某就撤诉了，因为她再次受到了刘某的威胁。刘某不仅仅用语言威胁果某，还真的做出伤害果某家人的事情来。有一次，刘某就把果某的父亲给捅伤了。而且刘某还有酗酒和吸毒的恶习，果某绝对相信刘某会干出不计后果的事情来。

一次，刘某再次持刀威胁果某和她的父母，他以为果某会像以前一样继续向他屈服，但是果某却选择了反抗，她从地上捡起一根木棍朝刘某的头上打去。刘某的头部在遭受多次击打后便倒地身亡了。果某平静下来后，拨打了 110 报警电话，她决定自首。

果某知道自己接下来将会面临严厉的惩罚，但好在她以及家人的噩梦结束了，再也不会有人威胁她和家人的人身安全了。果某的家人知道刘某被杀的消息后，都十分担心果某，并且希望法院能考虑刘某家暴在先的情况，从而判得轻一点。

2016 年 11 月 11 日，法院宣布了审判结果：被告人果某犯故意杀人罪，判处有期徒刑 3 年，缓刑 5 年。对于这个结果，果某及其家人都十分欣慰，尤其是果某，她本以为自己会以命偿命。

法院之所以这样宣判，是经过了多方面的考虑。一方面是刘某不仅有吸毒史，而且还长期殴打、辱骂果某，并给果某及其家人的生命安全带来了威胁。最关键的是，果某曾多次想摆脱刘某的家暴，例如向妇联寻求帮助、起诉离婚和报警等，但都没有成功。

另一方面法院还考虑到了案发当日的情形。果某在杀害刘某前，不仅受到了辱骂和殴打，还受到了生命威胁。在这样的情况下，果某的情绪完全失控，在恐惧和愤怒之中用木棍将刘某打死，具有一定的正当防卫因素。

最后是果某的认错态度，作案后主动自首。最关键的是，刘某的亲属也十分同情果某的遭遇，不仅放弃了民事赔偿，还主动出具了谅解书。这种种因素都让法院决定对果某从轻处罚。

如果一个人长期处于暴力之中，即使他（她）是受害者，也会将暴力看成是解决问题的唯一手段。在儿童被虐待的研究中，不少专家都认为如果一个人从小被父母虐待，那么将来长大后虐待自己子女的可能性要比没有受过虐待的人大。也就是说，受虐者有一天可能会成为施暴者。

而对于一个饱受殴打、辱骂和威胁的女性而言，如果她诉求无门，例如向亲朋好友和警察求助无果，那么她也会认为暴力是解决问题的唯一手段，会用杀死施暴者的方式来保障自己和家人的安全。

像果某这样的受虐者还算是比较幸运的。在以往的家庭暴力杀人案中，被告人一般都获刑较重，很大一部分被告都被判处了死缓或无期徒刑。

预防与干预——反家庭暴力

2010年11月3日，一个名叫李某的中年妇女做出了杀夫的举动。那天，她的丈夫谭某拿了一支气枪回家。谭某在摆弄气枪时，和李某发生了争吵。谭某就像往常一样殴打李某，这一次他遭到了李某的反抗，李某拿起气枪，用力击打谭某，谭某的后脑勺受到重创，倒地身亡了。谭某死后，李某决定肢解尸体，然后抛尸。不久后，李某就被抓捕了。

李某在嫁给谭某前，曾遭到了家里人的强烈反对，尤其是她的父亲。在李某的父亲看来，谭某不是个适合结婚的对象，因为谭某之前有过3段婚姻，而且脾气十分暴躁。李某也知道谭某脾气不好，但谭某在结婚前向她保证，婚后绝对不会动手，而且还说自己已经老了，脾气会渐渐收敛。

结婚后不久，谭某就开始打骂李某。谭某尤其喜欢当众羞辱李某，稍有不顺就会殴打李某，有时甚至会扯住李某的头发往墙上撞。李某的身上除了被殴打的瘀伤外，还有许多被烟头烫伤的痕迹。

李某还缺少了一根手指，这是被谭某砍掉的。有一次，谭某偷情时被李某撞到了，恼羞成怒的谭某就砍掉了李某的一根手指。如果李某当时能及时到医院接受救治，那么这根手指或许还能接上。但由于救治不及时，李某永远地失去了这根手指。这根手指被李某泡在酒里，后来交给了警察。

在杀死谭某前，李某也曾尝试过多种求助的方式。李某是个自尊心很强的女性，当初她不顾父亲反对执意嫁给谭某，遭到了谭某的打骂后也不敢向娘家人说，就只能向谭某的父母、兄弟姐妹求救，但他们根本不管。

于是，李某就向居委会求助，希望能通过调解让谭某有所收敛。李某也开始审视自身的缺点，尽量做到包容和忍让，但谭某根本改不掉殴打妻子的恶习。

2010年8月2日的晚上，谭某再一次殴打李某。挨打后，李某越想越觉得委屈和愤怒，她就去派出所报案。警察在了解了李某遭受家庭暴力的情况后，就给李某拍了伤情照片。李某本以为警察会出面帮着教训一下谭某，但却没下文了。当李某再次被殴打后，她再次拨打了报警电话，但这次警察没等她说完就将电话挂断了。

在李某看来，想要让妇联、街道居委会或警方介入她所遭受的家庭暴力是不可能了，因为她已经多次向这些机构反映自己的情况，但都未被传唤和调解。在李某看来，警方是她最后的希望，她曾在电视和报纸上看到许多关于警察热心帮助市民解决难题的报道，有的时候甚至是小狗掉到阳台下面，警察也会上门帮助其解决问题。但李某的遭遇却并未引起当地警方的重视，这让李某十分沮丧，觉得自己连一只小狗都不如。于是，杀夫、分尸和抛尸的悲剧就这样发生了。

在女性遭受伤害的家庭暴力事件中，受害者的态度十分重要。不少受害者都会选择委曲求全，觉得自己的忍受和牺牲能换来家庭的完整。但这样反而会让施暴者更加猖狂，就好像上述案例中的李某一样，用忍耐和宽容换来的是持续的家暴。

不少家暴受害者在最初遭受殴打时，都会向亲朋好友寻求帮助，希望通过他人的劝说，能让施暴者有所收敛。但这种方式往往收效甚微。此外，街道居委会和妇联也是家暴受害者经常选择的解决方式之一。但街道居委会和妇联通常都只能做到调解矛盾这一步，很少能让施暴者真正悔改。另外，还有不少受害者会想通过逃避的方式来远离家暴。

李某出生于湖北恩施咸丰县一个农村家庭，她的父母都是农民，生活并不富裕，从 16 岁起，李某就不再上学了，开始外出打工。起初，李某只是在湖南龙山县的一家饭馆当服务员。两年后，李某就去了宁波，并在一家家电厂找到了一份工作。2006 年，李某来到了重庆，在一家纤维加工厂工作。

在 20 岁左右时，李某开始有了结婚的念头。在李某的想象中，婚姻是简单而美好的，她决定找一个踏实的男人，然后两人一起努力工作，将来生儿育女，从此过上平安幸福的生活。

2007 年，李某经人介绍认识了一个比她大 11 岁的男人，名叫龙某，湖南湘西花垣县张刀村人。由于两人一个在重庆，一个在湖南，就只能通过网上聊天相互了解。李某对龙某的印象还不错，龙某告诉她自己是做生意的，而且还总是时不时地关心一下李某。

网聊了一个月后，李某就辞去了在重庆的工作，到湖南去找龙某。这是李某做出的最让自己后悔的一个决定，她也因此认识到了龙某的另一面。

龙某是家里唯一的男孩，在高中辍学后就一直在家务农。而且龙某在认识李某之前还结过婚，他和前妻有 3 个女儿，在第三个女儿出生后不久就因关系恶化而离婚了。

最让李某难以忍受的是龙某的火爆脾气。有一次，李某出去和朋友一起吃饭，被龙某知道后，两人就发生了争执，龙某当即给了李某一巴掌，李某的鼻子立刻就出血了。当时李某并未往家暴方面想，只觉得这是夫妻间普通的争吵。

一天晚上，李某和龙某正在一起观看 VCD。李某觉得片子不好看，就想换一个。谁知，龙某突然掐住了李某的脖子，并将她摁在墙上。李某想过离开龙某，但她已经有了 3 个月的身孕，为了孩子李某决定忍耐下去。

2008 年 12 月，李某为龙某生下了一个女儿。她以为孩子出生后，两人的关系就能缓和一下。但没想到，李某挨打的次数越来越频繁，渐渐从几个月动一次手发展成了两周一小打、两三个月一大打。

龙某一直想要个儿子，就要求李某再为他生一胎。2010 年，李某再次怀孕。这一次，龙某专门托姐姐带李某去卫生所做胎儿性别检查。检查结果是个女孩，于是龙某就将怀孕 7 个月的李某送到医院去做引产。

后来，李某终于给龙某生下了一个儿子。但龙某的身体却每况愈下，这下养家的担子就落到了李某的肩上。李某每天做两份工作，早上卖早点，下午到服装店工作。而龙某的脾气却越来越差，经常到李某工作的服装店去闹事，还染上了酗酒的毛病。有一次，龙某向李某要钱未果，又开始殴打李某，李某为此还在家养了好多天。

等身体渐渐恢复后，李某就开始想着如何逃跑，她谎称要接女儿放学，逃出了龙某的视线。李某带着女儿逃到了温岭。龙某就一直在李某的 QQ 上留言，说儿子想她了，希望李某能回家。

2015 年春节，李某去看望了儿子，这一次她看龙某认错态度不错，就将龙某和儿子带到温岭生活。龙某在温岭找了一份工作，但没多久就不干了。从那以后，龙某就一直向李某要钱，并劝李某回老家。两人因此没少产生冲突。一天晚上，李某正在睡觉，突然感觉鼻子很疼，原来是龙某用刮眉毛的刀片割了一下李某的鼻子。很快，龙某就用毛巾勒住了李某的鼻子，并腾出一只手猛地将没有完全断裂的鼻子撕扯下来，随手扔到窗外。李某终于没能逃出家庭暴力的魔掌，身心受到了无法弥补的伤害。

通过司法途径解决家庭暴力对于许多受害者来说，应该是最好的选择。在我国的法律中，特别是《反家庭暴力法》，明确规定保障妇女及儿童的人身权利。面对家庭暴力，受害人应当勇敢地拿起法律的武器，保护自己的权利。

Criminal Psychology

第五章

岂止触目惊心——

性犯罪

暴力混合权力——强奸

2002 年 9 月 26 日，四川达县的公安局接到了一所学校的报案，报案人声称高树中学的女生宿舍被盗了。这其实是一起强奸案，只是在当时被隐瞒了下来。

在这天凌晨时分，高树中学的一间女生宿舍溜进了一名陌生男子，他的手里还拿着一个手电筒。熟睡中的女生被惊醒后，在男子的威胁下不敢呼救，只能任其进行猥亵。男子在将宿舍内的 6 名女生一一猥亵后，就开始用手电筒看所有女生的长相。之后，他就走到一个女生面前。

该男子让这名女生和另一名女生调换了位置，他相中了一个名叫刘某的女生，但刘某当晚睡在床的内侧，所以为了便于实施奸淫，男子就将刘某安排到床的外侧。在刘某遭到性侵害的整个过程中，其他女生都吓坏了，根本不敢声张。半个小时后，该男子又将刘某抱到了另一张床上，再次对其进行侮辱。

在天快亮时，该男子离开了。这时，宿舍里的其他女生才开始呼救。很快，值班老师和校领导就赶来了。在了解完情况后，校领导和老师劝刘某不要声张，尤其不要告诉在外打工的父母，省得他们担心，更不能报案，这样会损害自己的名誉。此外，老师还让其他女生帮助刘某销毁了最关键的证物，即被强奸后的裤子和床单上留下的血迹。

虽然刘某选择了听老师的话，但她每天都生活在阴影中。到了晚上，刘某再也不敢出门了,她会死死地堵住房门,还会不停地喊道:"坏蛋来了!"时间长了,精神恍惚的刘某再也无法在学校内继续学习,她只能退学在家养病。

11月8日下午5点左右,几个放学回家的七八岁小学女生在路上遇到了一个变态的男人,这个男人是达县石桥中心学校原副校长孙权,孙权突然向这几名女生掏出了自己的生殖器。几个女生看到孙权裸露在外的生殖器后,十分害怕,就赶紧跑回了家,并将这件事情告诉了各自的父母。

很快,当地公安局就接到了报案,孙权被几名愤怒的家长送进了公安局。警方为了搜集更多孙权侮辱女生的证据,专门去调查附近的石桥中心学校和高树中学。这样一来,刘某被强奸的事实就暴露了。一些女生在看到孙权的照片后,对警察说,这个人很像强奸刘某的那个坏人。远在江苏打工的刘某的父母,此时才知道女儿被强奸的事情。

虽然警方的手中掌握着几个女生的口供,但这并不属于实质证据,根本无法证明刘某被孙权强奸的事实。于是,警方只能以"侮辱女生"为由将孙权拘留,但一个多月后却不得不释放孙权。

刘某父母得知孙权被释放的消息后,十分生气,决定为女儿讨回一个公道。于是刘某的母亲就请人写了一封"控告信",并将这封信寄给了公安部信访局。

这封控告信随后被信访局转到了达州市公安局。当达县公安分局刑侦大队的副队长黎亚雄看完这封信后,立刻想到了手头正在处理的10余起校园强奸案,他认为这一系列的强奸案极有可能是同一人所为。

达州市公安局在听取了黎亚雄的意见后,决定将这一系列强奸案合并成一个案件处理,并且还成立了专案组。

刘某并不是唯一的受害者。达县罐子镇某中学也曾发生过一起强奸案,歹徒还抢走了一些女生的现金；达县桥湾某中学的女生在遭受强奸后，也被歹徒抢走了一块手表和现金；达县白马某中学的多名女生在遭到歹徒的猥亵后，被抢走了一块手表，歹徒本来还想强奸一名女生，但遭到女生激烈的反抗后就放弃了，随后他进入另一间女生宿舍，用刀威胁并强奸了一名 13 岁的女生。

警方在分析了这一系列的校园强奸案后，发现了一些相似之处，并进行了深入分析。歹徒每次实施强奸后，都会抢走一些财物，甚至连几毛钱都不放过。这说明歹徒的生活并不富裕，甚至是比较贫穷的。歹徒在实施强奸的时候，要么会强奸两名女生，要么会对同一名女生实施两次强奸。这说明歹徒的性欲是比较旺盛的，很有可能是单身的青壮年。此外，歹徒每次进入女生宿舍时，都会采用翻窗、钻墙洞的方式，而且手法娴熟，这说明他极有可能有入室盗窃的前科。最关键的是，歹徒在作案时从来不会选择同一所学校，即不会在同一个地点重复作案。

根据所分析的案情，专案组的警察们专门对周边未发生强奸案的 20 余所学校进行蹲点守候。2003 年 5 月 9 日凌晨时分，一名陌生男子翻入了达县碑高中学，就在他准备下手时，被蹲点的警察当场抓住。

这名制造一系列强奸案的犯罪分子名叫杨传山，33 岁，是四川达县人，父母已经双亡。杨传山从 2001 年起，来到达州市区做"棒棒军"（重庆对一个特定群体的称呼，主要从事搬运的工作）。

来到市区的杨传山见识到了许多新鲜事物，例如黄色录像。在这之前，杨传山从未看过黄色录像，也不懂男女之事。自从看过黄色录像后，杨传山就迷上了。但是，做"棒棒军"的收入根本不能满足他每天看黄色录像的愿望。于是，他就准备去偷点儿钱。

2001 年 4 月，当杨传山到达县的九岭中学偷钱时，无意间用手电筒照到了一个漂亮女生的脸蛋，他的脑海中立刻出现了黄色录像的画面，他就忍不住去脱女生的裤子，被惊醒的女生开始大声喊叫，结果杨传山被吓住了，就匆匆逃走了。

从那以后，杨传山便到达县的一些乡村中学找女生下手，顺便再抢些钱。杨传山在选择下手对象时，通常都会选择乡村中学的女生。因为这些女生不仅胆子小，而且思想保守，在性方面的自我保护意识很薄弱。这样，杨传山不仅能屡屡得手，而且还不用担心因为受害人报案而被捕。

杨传山在许多受害者的心中虽然是个恶魔般的存在，但他自己的胆子也很小，尤其是在最初作案的时候。有一次，当杨传山强奸一名女生时，恰巧其他女生起床上厕所，杨传山立刻被吓得提着裤子就跑了。随着作案次数的增加，杨传山的胆子也变大了，当受害者出现反抗时，杨传山就会拿出刀子威胁她。

性侵女性是一种十分常见的性暴力。那么为什么有的男性会成为强奸犯呢？从心理学的角度看，一个男人如果有严重的心理困扰，那么就会产生巨大的精神压力，从而影响他与人交流的能力。在这种情况下，该男子很可能通过暴力手段去强奸女性，例如上述案例中的杨传山。但是这种情况通常只会发生在陌生人强奸案中，并不适用于熟人强奸案。提起强奸案，我们通常都会想到陌生男子强奸一名女性，但事实上，许多强奸案都发生在熟人之间。在熟人强奸案中，强奸犯不仅没有社交障碍，而且颇会利用花言巧语骗取受害者的信任。

对于强奸犯来说，他在性侵一名女性时，不仅可以获得性满足，同时还可以在心理上获得满足。在许多国家，女性不论是从社会地位还是经济能力上都逊色于男性。但是处于社会底层的男性，通常都很难娶到年轻漂亮的女性，有的男性甚至娶不上媳妇，比如上述案例中的杨传山。在一些落后的地区，如果一个男性在 30 岁之前娶不上媳妇，那么很可能会一辈子都孤身一人。这样的男子通常面临着巨大的社会压力，更容易实施犯罪行为。而当一个穷困的男人去强奸一名女性时，他会因为体力上的优势而得逞，并获得心理上的满足感。

被强奸的事实，对于受害人来说都是难以接受的，尤其是被陌生人强奸的女性，在被强奸后会出现消极和恐惧的心理障碍，例如上述案例中的受害者刘某。这种心理障碍甚至会影响受害者处理两性关系的能力，会在很长一段时间内都对男性产生恐惧。

通常情况下，受害者的心理会经历两个阶段，然后才能慢慢回归正常生活中。在刚被性侵的几天或几周内，受害者会处于一种十分恐惧的混乱状态，会因为恐惧、焦虑而无法正常工作或学习。但随着时间的推移，受害者的这种症状会得到缓解，从而进入第二个阶段，虽然症状不如第一阶段那么严重，但依旧会有恐惧感，例如害怕黑夜时单独一人。在上述案例中，不少受害者都出现了精神恍惚、休学的现象，有的受害者甚至还服毒自杀。

强奸案的受害者所受到的伤害有两种，即生理上的和心理上的。其中，心理上的伤害尤其大，而且很难消除。在一些文化思想保守的地区，很少会有被强奸的受害者主动报案。因为这意味着名声的败坏，尤其对于一个未婚女性而言，在被强奸的事情暴露后，极有可能会面临"做人抬不起头"的风险。

在达县所发生的一系列强奸案中，很多受害人都没有选择报案。一方面是因为受害者可能会因此名声受损，另一方面校领导也担心会损害学校声誉。在警方进行调查时，很难得到学校的支持。有一次，当警方调查达县杨桥小学的强奸案时，校方交出了一名假的受害者。后来，当警方带着该女生去做法医鉴定时，发现该女生的处女膜完好，才发现被骗了。

原来，学校的老师和校领导得知有女生被强奸后，不仅没有报案，反而让受害者将沾满血迹的裤子都换掉并清洗，还告诫她们不要声张出去，因为这是一件丢人的事情。这样，案发现场不仅全部被破坏了，还将最关键的证据，例如犯罪嫌疑人的精斑，都给销毁了。这给警方破案带来了极大的困扰。

此外，受害者家长的态度也十分重要。张某是莲塘中学的一名学生，同时也是这一系列强奸案的受害者之一。张某被强奸后，校长一边让老师将下体仍在流血的张某送往医院，一边向乡领导汇报此事。乡领导得知后就问校长报案了没有，当得知没报案后，就要求校长在报案前征求家长的意见。张某的父母得知女儿被强奸后，虽然十分愤怒，但也不同意报案，他们担心会因此影响女儿的名誉。

面对性暴力，不论是受害人还是家属以及其他相关人员，都应该勇敢地站出来揭发罪行，让真凶得到法律的制裁。如果投鼠忌器，隐瞒真相，不仅会伤害自身，也纵容了犯罪分子，让更多的人陷入危险当中。

防火防盗防熟人——熟人性侵

周媛（化名）在一个大城市生活，是个外企白领，她不仅相貌不错，还有一份收入稳定的工作。周媛虽然已经30多岁了，还未结婚，但她对自己的生活还是挺满意的。可在2011年的一天，周媛的生活发生了改变。在那天下午，周媛正准备下班，却接到了一个女性朋友打来的电话。周媛与她认识了很多年，自从这位女性朋友结婚后，两人的联系就少了。周媛考虑到这位女性朋友毕竟有家庭，于是就不再主动约她出来玩。

朋友告诉周媛，她最近刚学会了调酒，想让周媛过去尝尝看。周媛想着，既然两人很长时间没见了，倒不如趁此机会好好聚聚，联络一下感情。在朋友家，周媛一连尝了3款不同的鸡尾酒。不一会儿，周媛就感觉头晕晕乎乎的，她想可能是酒劲上来了，就没有多心，任由朋友扶着进了卧室。当周媛躺下时，她的意识还是清醒的，她想着就躺一会儿，等酒醒了就离开。

周媛躺着躺着就失去了意识，等她醒来后，已经是第二天中午了。刚醒时，周媛有些糊涂。过一会儿后，周媛渐渐清醒了，这时她发现朋友的老公就在卧室里，正在打游戏。周媛开始回想自己醉酒的过程，她忽然觉得有些蹊跷，她虽然连尝了3款鸡尾酒，但每次只尝了一点儿，就算她酒量再不好，也不可能会醉得这么厉害。想着想着，周媛的脑海中突然闪现出了自己被性侵的画面，她还记起了被朋友搀着洗澡的情景。但是周媛无法确定这些场景是梦境还是现实，于是她也没好意思向朋友提起，就稀里糊涂地回家了。

回家后，周媛才感觉到下体有些不舒服。查看后，周媛发现自己的私处居然有些细小的伤口。这下，周媛立刻警惕起来，她觉得自己脑海中回忆起的场景并不是梦境，她真的遭遇了性侵。周媛又愤怒又吃惊，她无法接受自己身上居然会发生这样的事情。

然后，周媛开始仔细回想那天晚上所发生的一切。周媛越想越觉得不对劲，她发现自己上当了，整个被性侵的过程就好像提前设计好了一样，自己从答应去朋友家喝酒时起，就已经掉入了一个精心设计的陷阱之中。想到这里，周媛决定到警察局报案。

报案后，周媛就在家里等警方的正式回应和调查。一连几天，周媛都未等到警方的电话，反而是那位女性朋友主动打来了电话，她希望周媛能同意私了这件事，还提出会给周媛一定的经济补偿。周媛当即拒绝了。

周媛的态度激怒了这对夫妇，他们威胁周媛，如果真的闹大了，就会到周媛的公司去宣扬，把周媛彻底搞臭。这让周媛更加憎恨这对夫妇，她甚至想着如果对方将她逼到绝境，她就拉着他们一起死。

此后的一段时间内，周媛都处于崩溃的状态中，她既要担心施暴者的威胁，又要等待警方的回应。最后，警方给出了一个让周媛难以接受的结果，警方认为这起性侵案很难立案，因为证据不足。

周媛决定一定要让这对夫妇受到应有的惩罚，于是就拿出全部积蓄，请了当地一位知名律师为自己打官司，同时还不断向警方施压，到处打电话投诉警方的不作为。在周媛看来，证据不足是警方的借口，警方有责任为她这个受害者寻找证据。最终，在周媛和律师的努力下，警方终于正式立案了。在审讯过程中，男方交代了犯罪事实。可是对于女方是否参与了犯罪，警方认为证据不足。因此，周媛的那位女性朋友被免于公诉。

2012 年，这起迷奸案终于开庭审理。作为受害者的周媛原本不用出庭，但周媛却执意要出庭指证施暴者。开庭那天，周媛用围巾遮着自己的半边脸出现了。在审理的过程中，周媛一直不停地盯着自己的那位女性朋友，她希望能从对方的脸上看到后悔或内疚的表情。但让周媛十分愤怒的是，对方根本毫无悔意。

最终，法院判处被告 5 年有期徒刑。这对于周媛来说，并不是一个十分满意的结果，她认为这个惩罚对施暴者来说太轻了。后来，周媛从律师那里得知，相比于普通的强奸案件，本案的量刑已经算很高了。因为根据法律规定，类似的案件如果没有造成重大的伤害结果，比如受害者身亡，强奸犯一般会被判处 1 ～ 3 年的有期徒刑。

虽然这起熟人性侵案已经尘埃落定，但周媛并未过上平静的生活，她一直挣扎在巨大的阴影之中。很快，5 年刑期就要到了，曾经的施暴者就要刑满释放了，周媛十分担心自己会遭到报复。施暴者对周媛十分了解，不仅知道周媛的工作单位，连周媛住在哪里都一清二楚。周媛担心施暴者会趁着自己下班时，突然出现，然后朝自己泼硫酸或砍自己几刀，这些对于施暴者来说是轻而易举的，但却会给周媛的生活带来极大的困扰。

为了防止意外的发生，周媛辞掉了在外企不错的工作，她还准备离开这个自己待了 30 多年的城市。周媛开始到处相亲，她希望能嫁到一个施暴者找不到的城市里，最好是能嫁到外国，这样她就永远安全了。

一直以来，人们都将强奸犯罪行为当成是陌生人所为。但据统计显示，在各种强奸和性骚扰的案件中，熟人作案的比例超过了 80%。也就是说，相比于陌生人强奸案，熟人强奸案更常发生，即性侵更多的是发生在身边的朋友、同事，甚至是亲属之间。

在上述案例中，受害者周媛所遭遇的一切除了是熟人作案外，还是一起迷奸案。在熟人强奸案中，施暴者更多的可能会使用语言上的强迫或威胁，进而来逼迫受害者就范。这点与陌生人强奸案不同，熟人强奸案很少会出现暴力的行为，基本上不会采用暴力威胁。

与陌生人强奸案的受害者不同，被熟人强奸的受害者，在遭受性侵后通常会出现自责的心理，觉得是自己太粗心，不应该轻易相信对方。因此，大多数受害者在遭受性侵后通常都会选择沉默，在维权的过程中会顾虑重重。

小静是个思想保守的女孩子，心地很善良。在大学毕业后，小静就在老家找了一份工作。经亲戚介绍，小静认识了一个叫小林的男孩子。小静对小林的印象不错，小林也很喜欢小静。按照这个趋势发展，小静和小林会慢慢相知、相爱，直到谈婚论嫁和生儿育女。

但不久后发生的一次意外，让小静嫁给了一个强奸她的人。小静工作单位的一位男同事小张很喜欢她，总是找机会向小静献殷勤。但小静却对小张毫无感觉，也不断暗示小张他们俩没有可能在一起。

有一次，小静在工作中帮助了小张。小张就再三邀请小静去他家吃饭，小静推脱不过只好去了。小张为小静做了很多菜，而且表现得很君子，小静就慢慢放松了警惕。在吃完饭后，小静觉得头昏昏沉沉的，根本走不了，就被小张搀着靠在椅子上休息。

迷迷糊糊之中，小静居然睡着了。等小静醒来后，发现自己居然失身了。这件事情对小静这样思想保守的女孩来说是个非常大的打击，她不停地怒斥小张。小张则一边安慰小静，一边说会娶小静为妻。

小静选择了沉默，她不想闹得尽人皆知，这样不论单位还是家里都会出现一些闲言碎语，甚至会影响自己的名誉，让人怀疑自己不够洁身自好。经过再三考虑后，小静决定远离小林，她觉得自己被玷污了，已经配不上小林。

最让小静觉得痛苦的是，她还得在单位面对小张。小张则觉得既然生米煮成熟饭了，那么小静就一定会嫁给自己了，于是开始了更为热烈和高调的追求。最终，小静嫁给了小张，尽管她并不情愿。

在熟人强奸案中，强奸犯通常不会认为自己的行为属于强奸，反而认为自己是受到了性暗示后才发生了性关系。此外，也有不少被熟人强奸的受害者没把自己的经历看成是强奸，尽管发生性关系时她们是被迫的。或许正是基于这样的认知，熟人性侵案才会难以维权。而且受害者在维权的时候，往往会遭到二次伤害。

上述案例中的周媛，她在警察局报案时，显得十分局促。警察局有一个大厅和一个前台，十分热闹，有许多人都在那里解决纠纷，有的人是因为打架斗殴，有的人则是因为盗窃。像周媛这样强奸案的报案者几乎没有，周媛几乎想要逃走，于是她刻意走到一个小角落里，很小声地和警察说着自己的遭遇，她担心别人听到后会对自己报以异样的眼光。

这是一段十分痛苦的经历，在周媛看来，就好像在陌生人面前脱光了一样，当时的周媛完全是抱着豁出去的心理才将整个被强奸的过程告诉了警察。

在熟人性侵案中，警察的态度对于受害者来说十分重要。如果警察质疑受害者的口供，那么将是对受害者的再一次侮辱。就算警察保持十分礼貌和尊重的态度，整个提供口供的过程对于受害者来说也是十分痛苦的，就好像再次遭受了强奸一样。

此外，相较于陌生人强奸案，熟人性侵给受害者带来的心理伤害更大。因为受害者会感觉自己的信任被辜负了，还会出现自责的心理，会觉得自己如果小心一点，就什么都不会发生了。

不都是恋童癖者——猥亵儿童

2009 年 7 月 14 日下午，9 岁的蔡某去找朋友李二豪玩。当时李二豪并未在家，家里只有李二豪的父亲李红芳。在蔡某准备离开时，李红芳突然叫住她，并让蔡某上二楼。蔡某听话地上了二楼，李红芳则坐在沙发上将蔡某抱在怀里，并让蔡某坐在自己腿上。

起初，李红芳只是让蔡某伸出手给他看，看看她的手上是簸箕还是斗。李红芳看了看后对蔡某说，你手上都是簸箕。然后看到蔡某的胳膊上有蚊子咬的小红点，就说到屋里去给蔡某抹些花露水。

李红芳将蔡某带到儿子住的房间后，就让她趴在儿子的床上，然后开始往蔡某的身上抹花露水。抹完后，李红芳的手开始不老实了，他将手伸到了蔡某的短裤里，然后开始摸蔡某的阴部。其间，蔡某因为疼痛拒绝被摸。李红芳不仅没有停手，还将蔡某的短裤给脱掉了，并继续用手摸蔡某的阴部，甚至还将手插入蔡某的阴部。后来，李红芳让蔡某离开了，还给了蔡某两元钱，并且说回家不要对奶奶说。

回家后，蔡某总感觉肚子和阴部疼痛，就连上厕所也有疼痛感，于是就将这段经历告诉了奶奶。7 月 18 日，蔡某的奶奶樊某带着她去公安局报案。经鉴定，蔡某的处女膜裂伤，外阴出现了轻度红肿、充血的症状。不过，警方并未从受害者提供的被单和内裤上发现精斑。根据受害者和李红芳的证词，蔡某遭到了李红芳的猥亵，并未遭受强奸。最终，李红芳因猥亵儿童罪被判处有期徒刑两年。

提起儿童猥亵案，就不得不提熟人作案。根据有关部门对性侵害事件的调查统计发现，熟人性侵害儿童的案件比例高达 85%，陌生人性侵害儿童的案件只占 15%。也就是说，在儿童猥亵案中，受害者与侵犯者之间极有可能是相识的，甚至与儿童及其家长的关系较为密切。

儿童和成年人一样，对自己身边的亲人、邻居、老师和朋友等熟悉的人会表示亲近和信任，从而不会有防范意识，会轻易地被熟人猥亵甚至是性侵。

2015 年 3 月的某一天，广州市番禺区的一家工厂的宿舍里发生了一起儿童猥亵案。受害者是个年仅 3 岁的女孩，名叫小霞，她与父母同住在工厂的宿舍内。有一天晚上，小霞的父母因加班没有回宿舍。一名 52 岁的江西籍男子汪某趁着小霞父母不在就去敲宿舍门。小霞听到敲门后就问是谁，得知是父母的工友汪某就主动打开了门。汪某对小霞说，他要和小霞玩一个游戏。然后，汪某就脱掉了小霞的裤子，并猥亵了她。事后，汪某还叫小霞不要告诉任何人。

汪某对小霞父母的行踪十分了解。当小霞父母不需要加班时，通常会晚上七八点回到宿舍。但如果晚上加班，就要到 11 点左右才能回到宿舍。因为是在同一个工厂工作，汪某对小霞父母的加班时间十分熟悉。于是，汪某就利用小霞父母不在宿舍时，去猥亵小霞，每次猥亵的时间在 5 ~ 10 分钟。其间，小霞一直不敢告诉父母。

2015 年 4 月 23 日晚上 8 点左右，小霞将自己曾被汪某猥亵的事情告诉了父亲。第二天一早，小霞的父母就带着她到医院检查并报警。4 月 24 日，汪某在工厂宿舍被警方抓获。在审讯中，汪某如实交代了犯罪事实。最终，汪某因为猥亵儿童罪被判处了有期徒刑两年六个月，并赔偿受害者及其家属 6 万元。

有人曾专门对 120 名 11 ～ 12 岁的孩子进行过调查，请这些孩子描述什么样的人会对儿童进行性侵害。在这些孩子看来，只有长相丑陋、失业者或心理变态者才会对儿童进行性侵害。没有一个孩子认为亲人、老师、朋友或邻居这样的熟人会对儿童图谋不轨。这其实是一种教育上的缺失，会导致孩子对真的罪犯缺乏防范。正是因为防范意识不够，所以儿童被猥亵或性侵害的案件时有发生。

在一项随机调查中，调查者发现在我国不少省份都存在性教育缺失的现象。其中，23% 的孩子不知道何为性教育，33% 的孩子对此"似懂非懂"。落后地区或农村地区的孩子，在性教育和防范性侵害的教育上尤其缺失，有的孩子甚至不知道隐私部位是哪里。在面对隐私部位在哪里这样的问题时，只有 59% 的孩子回答正确，剩下的 41% 的孩子认为隐私部位就是脸、头发和大腿等地方。

在儿童被猥亵和性侵害案件中，由于受害者年龄较小，所以带来的心理伤害也尤其严重。研究显示，受到猥亵或性侵害的儿童更容易出现精神紊乱，例如经常做噩梦；或者出现行为问题，例如离家出走。有的受害者甚至会出现过早的性行为，例如过度手淫。

小花是 9 岁的女孩，她有一个哥哥和弟弟。在小花 5 岁时，她的父母为了能多挣钱，就离开家乡到深圳打工。这样，小花就只能和哥哥、弟弟一起到奶奶家里生活。

小花的父亲在深圳做保安，母亲做洗碗工，虽然挣得不多，但养家糊口不成问题。在深圳的工作虽然很累，但小花的父母更担心孩子们的安全，唯恐孩子们出问题。在奶奶家，孩子们的生活起居是不成问题的，但是奶奶毕竟年纪大了，无法像父母那样照料孩子们。

一段时间后，远在深圳的父母接到了奶奶打来的电话。原来，最近小花一直叫嚷着下体和肛门很痛，还经常出现大小便失禁的情况。很快，小花的父母就赶回了老家。

当母亲看到小花的下体后，立刻被惊呆了。小花的下体不仅红肿，还有流脓的症状。母亲立刻带着小花到村卫生站检查，后来又到县医院和深圳的医院为小花做检查。检查结果显示，小花的阴道和肛门都出现了裂伤，而且因为裂伤，导致肛门与阴道、尿道相通。这也就是小花出现大小便失禁的原因，小花小便时肛门也排尿，大便时尿道也排便，这种尿粪混排给小花带来了巨大的痛苦。

医生告诉小花的父母，像小花的情况得做手术才能好，而且手术费用要1万多元。这对于一个在贫困中挣扎的家庭来说可是一笔不小的数目，于是小花的母亲就只能用消毒杀菌的药物来为小花清洗下体，还让小花服用了抗感染的药。

小花之所以会变成这样，是因为受到了性侵。由于没有钱接受手术治疗，小花就只能暂时忍受大小便失禁、尿粪混排的痛苦和尴尬。小花也开始变得内向起来，只要看到陌生人就会变得格外警惕，会将自己的脸埋在随身携带的布偶玩具下面。而且小花还不肯与他人交流，只有在母亲的多次劝导下，才会说几句。

提起儿童被猥亵或性侵，人们通常会想起一个病态的人群，即恋童癖。与正常人不同，恋童癖获得性满足的对象主要是未成年人。虽然许多人对恋童癖嗤之以鼻，但恋童癖并不等于犯罪。只有恋童癖将魔爪伸向未成年人时，才是犯罪。而且，并不是所有猥亵和性侵未成年人的犯罪分子都是恋童癖。

恋童癖主要有以下几个特点：恋童癖患者通常年龄较大，多数在35岁以上；恋童癖患者往往在童年时期曾遭受过性侵害；恋童癖会在审讯中主动承认自己的罪行；恋童癖在与人交往上存在障碍，尤其是与女性的交往。

在猥亵儿童或性侵儿童的案件中，受害者虽然以女孩居多，但并不意味着男孩就是绝对安全的。有些男孩会受到成年男性或成年女性的猥亵。不少人认为，男孩在遭受猥亵时基本不会受到实质上的伤害，尤其是男孩在被女性猥亵时。这其实是一种错误的看法，因为男孩同样会受到严重的心理创伤。调查显示，曾经遭受过猥亵的男孩会感到愤怒，并延续到他成年，长大后更容易出现强奸女性的犯罪行为。

有口难言——被侵犯的男人们

2015年9月12日凌晨，在重庆合川区发生了一起性侵害，受害者是一名男性。那天凌晨，小林正在滨江路散步，突然被一个人强行带到了路边废弃的小屋里。小林以为遇到了劫匪，就主动交出了身上所携带的财物，并请求对方放过自己。谁知，接下来小林却遭受了一段难以启齿的经历，他被性侵了。

在性侵者离开后，小林便向路人呼救，路人帮助小林报警后，警方很快就将犯罪嫌疑人逮捕了，这名性侵者是一名男性，名叫小勇。小勇对于性侵小林的事实如实交代，并称自己是酒后失态，才会犯下这样的错误。

由于同性性侵在法律上尚处空白，再加上受害者小林并无明显的身体伤害，所以警方在教育了小勇一番后就放走了他。

在性侵害的问题上，人们通常都会想到女性，很少有人会考虑到男性也有可能会遭受性侵害。总的来说，女性遭受性侵害的可能性要远远高于男性。在我国的法律中，对于强奸罪是这样定义的：违背妇女意志，使用暴力、胁迫或者其他手段，强行与妇女发生性交的行为，或者故意与不满14周岁的幼女发生性关系的行为。也就是说，对男性实施性侵害不在法律定义范围内。有的男人甚至调侃说，广大男同胞一定要保护好自己，因为法律不保护我们。

如果一名男性遭受了性侵害，想通过法律的途径维权，就必须以侮辱罪来控告性侵者。但想要控告对方侮辱罪，就必须满足"情节严重"这一条件。而情节严重主要有以下几种情况：手段恶劣；侮辱行为造成严重的后果，例如受害者不堪侮辱自杀或因侮辱而导致精神失常；多次实施侮辱行为。也就是说，一个男性如果遭受性侵害，想要用法律来保护自己，比起女性要难上加难。

在上述案例中，受害者是遭受了男性的性侵害。这种性侵案件，性侵者极有可能会使用暴力的手段胁迫对方就范。因为受害者是男性，与性侵者一样具有体力上的优势，因此在遭受性侵害时会强烈反抗。但这种暴力通常只会发生在陌生人之间，如果是熟人作案，情况就会大不相同。

2015 年 9 月 14 日，台北一名 22 岁的男大学生在留学前，应邀参加一个聚会，结果因为醉酒被一名郑姓男子猥亵。在当天晚上，受害者等 4 人在一家 KTV 唱歌，并且还狂饮了 3 瓶威士忌。受害者喝得醉醺醺的，就倒在了 KTV 的厕所内。郑某看到后不仅主动将受害者扶到沙发区休息，还趁着四周无人对受害者进行猥亵，整个过程都被监控给录了下来。后来，郑某提出要送受害者回家。

在路上，受害者迷迷糊糊之间感觉郑某用手指性侵他，当时他本想反抗，但因为醉酒根本无力抵抗，只能任由其猥亵自己。等第二天早上清醒后，受害者感觉不适，他才意识到自己受到了性侵害，于是立刻报警。

很快，法庭就审理了此案。在开庭审理时，郑某坚称自己没有猥亵和性侵受害者。郑某辩称，受害者在喝醉后不断摸他胸部，甚至还摸他的下体，他以为是对方示好，才用抚摸作为回应，但绝对没有性侵受害者。最终法官认为，郑某有利用受害者醉酒趁机进行猥亵之嫌，判处其猥亵罪名成立并处以 10 个月有期徒刑。

在不少男性性侵案件中，性侵者都与受害者相识，并且趁着受害者在聚会时喝醉后对其进行猥亵或性侵。此外，还有不少男性会在其他男性的威逼利诱下被性侵。大部分受害者都比较年轻，年龄在 20 岁左右。

在许多人看来，对男性实施性侵害的男性应该都是同性恋。但事实上，不少性侵者之所以会性侵一个男性，并非出自于性欲，而是想要达到惩罚或控制的目的，例如监狱中所发生的性侵案。

一个男人在遭受性侵时，也会出现和被强奸女性一样的受害心理，会觉得愤怒、羞耻、震惊和沮丧，甚至会自责，会觉得如果不是因为自己掉以轻心，就不会有这样的遭遇。此外，很少有受害男性会选择报警，因为这样有损于男性的尊严。

在一则新闻中，两个露天席地而睡的民工在遭到一个醉酒男子的性侵后，立刻报了警。警察在听完民工所述说的案情后，一面为双方进行调解，一面强忍着笑，还忍得很辛苦。最终，这起性侵案以赔偿解决。

办案警察之所以会忍俊不禁，是因为和许多人一样对男性性侵害存在一定的误解。在许多人看来，男人在体力上绝不会像女性和儿童那样弱小，是不可能被强奸的。因此，在男性性侵案件中，只要没有造成严重后果，一般很难立案。有些案件只有闹出人命后，才会得到重视。例如，在男模大赛中获得亚军的项某因被迷奸致死而受到广泛的关注。

一个男人除了可能会被男性性侵外，也有可能会被女性性侵。这在许多人看来有些啼笑皆非，但却真实出现过。与男性性侵者不同，女性性侵者由于不存在体力上的优势，通常都会采用语言威胁的方式。不过对于受害者来说，被女性强迫发生性关系是更加难以启齿的。

在许多人看来，如果一个男人真的遭受了女人的性侵，那就当成一次艳遇好了，既然有姑娘主动送上门了，就没必要拒绝。但在此类性侵害的案件中，男性通常都是被迫进行除性交以外的性行为，例如口交。有的男性受害者会被强迫服用壮阳药，从而被女性强奸。

此外，很多人还会考虑到一个问题，即男性受害者在被强奸的过程中到底会不会勃起。一个男人如果在被威胁的情况下，很难勃起，这就意味着性侵者无法强制受害者进行性交。但事实上，一个男人在紧张、恐惧和疼痛的情况下，也会出现勃起的情况，而这并不意味着受害者就是自愿与性侵者发生性关系的。

2015年3月16日晚上，俄罗斯卡卢加州梅斯克霍夫斯科市的一名男子走进了警察局，他是来报案的，并向警方提交了一份诉状。这个男子名叫维克多，今年32岁，他声称自己遭遇了性侵犯，而对他实施性侵的是个女人，名叫欧尔加。

根据维克多的证词，欧尔加是个空手道"黄带"高手。他被欧尔加囚禁后，就被对方用手铐铐在暖气片上，欧尔加还给他披上了一条粉红色的毛毯。随后，欧尔加便多次羞辱、猥亵维克多，并强迫维克多服用了几片壮阳药。在接下来的48小时内，欧尔加强迫维克多与自己发生了多次性关系。

欧尔加得知自己被维克多告上法庭后十分生气。她声称自己对维克多非常好，虽然两人确实发生了几次性行为，但欧尔加还给维克多买了新的牛仔裤和食物，在维克多离开时还给了他1000卢布。为了报复维克多，欧尔加立刻向警方提交了诉状，声称要以抢劫罪起诉维克多。

原来，在案发当天维克托是主动送上门的。当天下午5点左右，维克多持枪闯入了当地一家发廊进行抢劫，他凶神恶煞地走到发型师欧尔加的面前，但对方却毫不惊慌，甚至连动都没动。维克多十分恼火，就动手对欧尔加进行搜身，希望能找到钱。但维克多却怎么也没想到，面前的这位弱女子是一名训练有素的空手道"黄带"高手。维克多突然被欧尔加掀翻在地。就在维克多震惊之时，欧尔加迅速地拿起一根吹风机上的电线，将维克托的手脚捆了起来。然后，欧尔加就将维克多拖到了地下储藏室之中。

此时，店内的其他发型师和顾客都由之前的惊慌变得欢腾起来，纷纷赞扬欧尔加的英雄行为。欧尔加在同事离开前告诉他们，她会亲自将这名劫匪送到警察局。

事实上，欧尔加并没有这样做，而维克多则遭遇了比被送到警察局更痛苦的经历。起初，欧尔加只是威胁维克多做一些令她快乐的事。如果维克多不照做，欧尔加就说她会立即报警。于是，维克多就只能任由欧尔加摆布。

在充当了两天两夜的性奴后，维克多终于获得了自由，此时维克多的身心已经饱受折磨，他冒着可能会被以抢劫罪逮捕的风险来到警察局，状告欧尔加对他实施性侵害。欧尔加在得知自己被指控后，就恼羞成怒地状告维克多的抢劫行为。这意味着，两个人都有可能锒铛入狱。

在上述案例中，作为受害者的维克多还算是幸运的。在许多国家和地区，很少有受害者会像维克多一样能做到用法律为自己维权。例如在美国加利福尼亚州的圣选戈曾发生过一起男人被女人强奸的案件。当时受害者曾到警察局报案，但警察根本不受理，还将他赶出了警察局，警察认为这个男人一定是喝醉了，才编出了这样让人啼笑皆非的故事。

当一个男人被女人强奸了，不仅很难维权，而且还会受到更多的质疑。在女性受到性侵害的案件中，有些人会质疑受害者的生活作风，如果受害者穿着暴露，就会被人质疑是故意勾引性侵者。而男性受害者也会遭受这样的质疑。有的人会问，如果真的是被强迫的，那么为什么会勃起？有的人会问，既然不情愿，为什么不推开她？

这些问题对于男性受害者来说是二次伤害，因为他没办法说清楚受害的真实情况，而且在许多人看来，他的受害经历就好像一场艳遇一样。如果受害者硬要说自己是被迫的，那么人们就会觉得他"得了便宜还卖乖"。

被女人强奸的男人同样会产生一定的心理伤害，他不仅会觉得自己身为男人的尊严被践踏了，还可能会面临性功能失调的问题，例如出现阳痿、早泄或性冷淡的问题。

化学阉割——性罪犯惩罚之措

2013 年 10 月 2 日，韩国上映了一部名为《素媛》的电影。这部电影描述了一个既残酷又感人的故事。这个故事之所以是残酷的，是因为主人公素媛是个年仅 8 岁的女孩，但却遭遇了十分严重的性侵，最残酷的是这部电影并不是虚构的，而是根据真实案件改编的。

2012 年的夏天，韩国顺天市发生了一起女童性侵案。受害者在晚上睡觉时被一名入室男子赵斗淳掳走。赵斗淳对受害者实施了强奸和殴打，事后为了销毁残留在受害者体内的精斑，便用树枝等条状硬物捅伤受害者的阴道和肠道，最后将受害者扔到了一条小河边。

在一个下雨天，昏迷的受害者被附近居民发现并送往医院。受害者被送进医院时，医生都震惊了，受害者的伤势十分严重，不仅大小便失禁，而且下体血肉模糊。经检查，医生发现受害者的肠道严重受损，阴道和肠道中间的部分全部被破坏，由于阴道在受外伤的情况下被粪便感染，因此受害者的子宫也受到了严重的损伤。医生当即决定为受害者进行手术，不然受害者就会有生命危险。

受害者的整个肠子都在手术中被切除了，这意味着她以后必须得依靠粪袋生活，而且极有可能已经丧失了月经和生育的能力。

很快，赵斗淳就被抓住了。在案件审理的过程中，赵斗淳不仅不认罪，还以醉酒为由为自己辩解。受害者的父母不仅要为女儿维权，还得为女儿争取赔偿，这样受害者才能获得更好的治疗。毕竟对于一个本就不富裕的家庭来说，手术费是一笔巨额的支出。

最终审判的结果出来了，最高法院判决强奸犯赵斗淳12年有期徒刑。这个判决结果在韩国引起了强烈的反响，人们纷纷指责刑法过于仁慈，应该提高对儿童性侵犯犯罪的量刑标准。许多韩国人，尤其是有女儿的家庭，纷纷集会游行，希望能修改法律。时任韩国总统李明博只好出面向全国民众道歉，并承诺会很快修改强奸幼女的法案。2012年韩国就推出了化学阉割法。

在电影《素媛》的结尾处，素媛的自白中有这样一句耐人寻味的话："你的出生真是太好了。"素媛的妈妈又给她生了一个弟弟凤愿。素媛虽然在爸爸妈妈和周围人的鼓励下开始重新面对生活，但还是少不了会承受周围人异样的眼光。或许她觉得弟弟的出生给爸爸妈妈带来了新的希望，即使她离开，父母也还有弟弟。或许素媛会像真实案件中的那名受害者一样，选择自杀来逃避痛苦。

韩国第一个接受化学阉割的强奸犯是朴某，他先后4次因为强暴13岁以下的幼女而入狱。朴某在出狱后不久再一次犯罪，将一个10岁的女孩拉进了废弃厂房实施强暴。在最后一次刑满释放之际，朴某被鉴定为恋童癖，为了防止他再次残害幼童，朴某被强制接受化学阉割。

除了韩国外，世界上有不少国家和地区都通过了化学阉割法，例如美国部分州、丹麦、英国、瑞士、瑞典、波兰等。但化学阉割在执行的时候，许多国家很少能做到像韩国一样强制执行，必须得遵守自愿的原则。也就是说如果没有经过性犯罪者的同意，是不能对其进行化学阉割的。

提起阉割，人们通常会想起一个特定的人群，即太监。在中国古代，太监是专门为皇室提供服务的一群人，他们被迫接受阉割并失去性能力。在中国民间，还有将阉割称为"去势"的说法。

此外，在中国古代还将阉割作为一种刑罚，即宫刑，例如著名的历史学家司马迁就曾被下令处以宫刑。宫刑不单单针对男子，还针对女子，主要是破坏男女的生殖能力。宫刑是一种极具侮辱性的刑罚，许多男子都难以承受宫刑所带来的屈辱。

但是化学阉割与宫刑是完全不同的刑罚。化学阉割又被称为药物去势。与宫刑之类的物理阉割不同，不需要通过手术的方式去除人体的性器官。在执行化学阉割的刑罚时，只需要将抗雄性激素的药物注射到男性体内即可。这种药物只会使男性的雄性激素水平下降到青春期以前，从而抑制男性的欲望、减少性幻想以及降低从性行为中获得的快感，但却不会造成永久的绝育。

在抑制性犯罪上，化学阉割的确发挥了不错的作用。瑞典、挪威、丹麦和冰岛这 4 个国家专门进行了相关的数据统计。统计结果显示，自从采用了化学阉割的刑罚后，性侵儿童的案件开始急剧下降，从原先的 40% 下降到 5%。丹麦根据对 25 名强奸犯的追踪发现，这些强奸犯在接受了化学阉割后就再也没有犯案。

德国在 1997 年也进行了调查研究。研究者专门跟踪调查了 104 名接受化学阉割的强奸犯，结果发现这些人再次犯案的只有 3%；而没有接受化学阉割的强奸犯，再次犯案的达 46%。

其实在化学阉割之前，就曾出现过手术阉割的刑罚。早在 1970 年，德国就通过了手术阉割的法案。这在当时引起了不小的轰动，更多的是反对的声音。许多人认为，手术阉割的刑罚太过野蛮，不符合人权。后来，德国政府就对相关法案进行了修改，规定接受阉割手术的性罪犯必须得超过 25 岁。尽管如此，手术阉割的刑罚还是在世界各地引起了不小的争议。但的确有性罪犯接受过手术阉割，而且效果不错，例如捷克共和国的帕维尔。

帕维尔是一名性犯罪者。在他 18 岁那一年的某一天，帕维尔突然出现了异常，他从睡梦中惊醒，并产生了十分强烈的性冲动。帕维尔还专门去找医生，希望医生能给他一个合理的解释。但医生的诊断结果却是，帕维尔很正常，并且告诉他年轻男性有性冲动是完全正常的，很快这种冲动就会消失。

听了医生的话，帕维尔放心地回家了。他在家里看了一部李小龙的电影，看完后帕维尔突然产生了性欲，他十分想通过暴力手段来获得性满足。于是，帕维尔就带着一把刀上街了，他看上了一个路过的 12 岁少年。在帕维尔的胁迫下，这名 12 岁的少年遭受了暴力性侵并死亡。

接下来的 11 年里，帕维尔都在监狱和精神病院度过。在刑满释放的前一年，帕维尔主动接受了摘除睾丸手术。出狱后，帕维尔过上了平静的生活，他再也不用挣扎在性侵儿童的幻想之中了。在许多人看来，帕维尔似乎丧失了身为男人的尊严，而且再也享受不到性快感了。帕维尔却没有后悔过，因为他重拾了身为人的尊严，他再也不担心自己会再次性侵他人，并因此而入狱了。

由于手术阉割的方式太过残忍，于是化学阉割就出现了。尽管化学阉割取得了不错的效果，但依然有不少人质疑。在许多人看来，化学阉割具有一定的副作用，会使接受化学阉割的男性出现女性化特征，并对其造成精神上的折磨和羞辱。例如，著名数学家艾伦·麦席森·图灵。

1952 年，图灵的同性伴侣与一个人合谋闯进了图灵的住所，就在准备实施盗窃时，被图灵发现并报警。结果图灵的同性恋隐私曝光，被控告为"明显的猥亵和性颠倒行为"，也就是所谓的同性恋。最终图灵在没有申辩的情况下就被定罪了。公审过后，图灵面临着两个选择，即坐牢或荷尔蒙疗法。图灵选择了荷尔蒙注射。

图灵在接受了一年的荷尔蒙注射后，出现了副作用，他的乳房开始不断发育，这给图灵的生活带来了巨大的困扰。1954 年 6 月 7 日，已经死亡的图灵被发现了，他的床头上放着一个被咬过的苹果。这是一个含有氰化物的剧毒苹果。经过警方的调查，图灵死于氰化物中毒，而且是自杀。

Criminal

Psychology

第六章

陨落在花季雨季——

青少年犯罪

谁打得过谁有理——直视校园暴力

2009 年 11 月 23 日上午，昆明市某中学发生了一起校园暴力事件，施暴者是 11 名初中生，而受害者则是 6 名初中生，他们被施暴者编为 001 ~ 006 号，然后按照编号逐一接受殴打和侮辱。

001 号姓温，他被施暴者们带到河边，然后被火钳敲后脑勺，当即就被敲出了血，并很快被施暴者带到医院医治。下午，暴行继续。002 号向某和 003 号李某是这 6 个被害者中最幸运的，只被踢了几脚，就放了。接下来是 004 号赵某，他正坐在一棵大树下，然后被施暴者们团团围住。很快，赵某就站了起来，并按照施暴者的要求向河上的一座小桥走去，等他站好后，突然被施暴者一脚踹进了河里。

005 号徐某是所有受害者中唯一被打的女生，也是受到殴打和侮辱最严重的受害者，而且整个过程还被施暴者用手机拍摄下来并在学生们之间疯狂流传，最终被家长偶然看到。

起初，施暴者只是像对待 004 号赵某一样将徐某团团围住，并开始七嘴八舌地议论起来。不一会儿，就有男生动手了，一个身着深色衣服的男生给了徐某一个耳光。紧接着，第二个男生动手了。徐某一共挨了 4 个男生的耳光。

之后，11 名施暴者就将一个破簸箕套在了徐某的头上。这时一直沉默着忍耐的徐某才挣扎着发出了痛苦的声音。

一个穿着红色衣服的男生似乎想到了一个整人的办法，于是就示意大家将徐某扔到旁边的河里。一个戴帽子的男生将徐某的双眼用围巾蒙了起来。就这样,徐某被扔到了河里。

徐某在河里挣扎了一会儿后,就开始向岸边爬去。爬上岸后,徐某再次被施暴者们包围了。一个施暴者从徐某的背后给了她一脚,徐某立刻倒在地上,白色的校服上沾满了泥巴。等徐某爬起来后,一个穿着红色衣服的施暴者直接给了徐某一棍子,还呵斥道:"你还不走?走不走?"

为了避免挨棍子,徐某只能赶紧跑。但施暴者似乎并没有打算放过徐某,一直在后面追。很快,徐某就被追上了,几个施暴者开始轮番用脚踢徐某。徐某只能护住自己的头部,用后背去抵挡脚踢带来的疼痛。这时,一个穿着红衣服的施暴者突然上前揪住了徐某的头发,开始用脚踢她的头。之后,在红衣施暴者的示意下,施暴者开始排着队,一个接一个地上前踢打徐某。

一番施暴后,徐某的身上沾满了泥巴。这时,一名施暴者说:"回去不好交代!"其他的施暴者立马心领神会地附和着说:"洗了,洗了!"于是,徐某就被推搡着来到河边,并被红衣施暴者一脚踢到河里。

接下来是006号邓某,对于施暴者来说这是最棘手的一个,因为邓某找来几个帮手和施暴者对峙。就在双方决定开始打一架的时候,一个姓魏的副校长正好经过,制止了他们的暴行。

徐某被施暴整个过程的视频开始疯传后,被家长和学校的老师知道了。很快,当地派出所的所长看到了这段视频,并带着几名警察到学校进行调查,还将此事通报给了当地的教育局。

施暴的11名男生,主要是初三(8)班的学生,还有初二的学生,他们因为看不惯徐某的做派,才决定要教训徐某一番。

初三(8)班是该中学的另类,不受老师们的重视,甚至还被老师起了一个"粪草"的外号。学生们则给初三(8)班起了一个"天使般"的"雅号",

也就是"天上掉下来的屎"的意思。

原本初三（8）班是不存在的，自从该中学搬迁后，才重新组建了一个班级，这个班级的学生基本上都是附近的学生，刚刚组建时只有 33 名学生。后来在月考过后，全年级排名最后的 20 多名学生就被分到了初三（8）班，这下班级的学生一下子就增加到了 55 人。

由于老师的歧视，初三（8）班的学生开始变得不爱学习，他们的班主任也说："如果想好好学习，就得考进年级前 120 名，这样就能离开这个班级，剩下的学生只是带着玩玩的。"参与施暴的马某不仅是初三（8）班的学生，还曾是班上的课代表，但自从无心好好学习后，就开始逃课和打架。

在徐某被殴打和侮辱的视频曝光之前，该中学就曾发生过多起校园暴力事件。据附近的一个居民反映，在几个月的时间内就曾亲眼看到过两起校园暴力事件，其中一起是受害者被怀疑偷东西，被扔到河里，另一起则是受害者没有买烟而遭到了施暴者的围攻。

事后，学校也加强了管理，尤其是对初三（8）班的管理。凡是学校保安发现初三（8）班的学生逃课，完全可以强制将其带回教室。

而作为受害者的徐某在学校的人缘并不好，在许多人看来她是个性格孤僻且很另类的女孩。在事发后，徐某一直害怕上学。其实徐某的父亲早就发现了孩子的异样，因为徐某在遭受校园暴力的那一天，就穿着沾满了泥巴的脏衣服和鞋子回家了。当她的父亲看到女儿这个样子后，立刻想到女儿在学校遭受了凌辱。于是他就带着脏衣服和鞋子到学校讨说法，还带着徐某到医院进行检查。

在许多人看来，学校是一方净土，与暴力是完全不相干的。但随着有关校园暴力事件报道的增加，许多人开始意识到学校并不平静，甚至要比成人世界更残酷。提起校园暴力，我们就会想起该事件的主体人物——青少年。

青少年主要是指 13 ～ 19 岁的人群，而这个年龄阶段也被称为青春期。青春期是一个心理学上的术语，是由心理学家 G. 斯坦利·霍尔首先提出的。

青春期是人生发展阶段中一个十分关键的时期，也是一个人迈向成熟的过渡时期。这个阶段有一个十分典型的特点，即身心发展的不平衡。也就是说，心理上的成熟赶不上生理上成熟的速度。

这就意味着青少年的世界观、人生观和价值观还没有完全形成，很容易受到社会不良风气和因素的影响。最关键的是青少年的自控能力差，因为此时自控的生物基础——前额叶皮层，还正在发育之中。

虽然青少年的自控力还没有达到成年人的水平，但他们的身体基本上已经与成年人无异。也就是说，青少年拳头的力量基本上能达到成年人的水平，在打架斗殴中会给受害者带来一定的伤害，有时候甚至会致命。

2015 年 6 月 29 日下午的放学时间，重庆渝中区的一所重点中学门口发生了一起校园暴力事件。被害者郑某在学校门口被十几名十四五岁的少年给围住了，然后这十几名施暴者便开始殴打郑某。郑某被踢打了差不多 40 分钟，期间路过的居民看不过去还出面阻止，但是施暴者当作没听见一样，继续殴打郑某。后来郑某瞅准机会逃跑了，而施暴者则一直跟在后面追打，直到郑某上了一辆公交车。

等郑某回到家时，已经是晚上的 7 点半了。郑某向父母哭诉了自己被殴打的过程后，就直接坐在了地上，他已经站不稳了，而且嘴唇和手指都出现了异常的乌青色。父母立刻将郑某送到医院进行救治。

到医院时，郑某开始出现了四肢抽搐和眼睛翻白的症状。医院立刻进行了抢救工作，但郑某还是死了。原来，郑某是被殴打导致内脏出血而死亡的。郑某是一个十分健康的男孩，没有先天性疾病，而且平时很喜欢踢足球，如果不是这起校园暴力事件，郑某不会就这样骤然去世。郑某不仅鼻子里面都是血，就连身上也到处都是瘀青。当医生剖开郑某的肚子后，发现他的肠子和胃里面也都是血。

很快，警方就介入了调查。根据附近居民的反映，在案发当天，十几个人围着郑某一个人打，不仅用脚踢，还用铁棒打。就连目击者看着都觉得触目惊心。

警方通过调查发现，组织这起殴打行为的是郑某的同班同学，14岁的谭某。而其他的殴打者则多数为附近学校的学生，还有少数的社会青年。

谭某之所以会找人殴打郑某，完全是为了报复。原来谭某在6月26日这天没有来上学，老师给家长打电话也找不到人。这时，郑某站了出来，并带着老师在学校附近的一家黑网吧找到了谭某。谭某因此记恨上了郑某，并开始寻思着找人打郑某一顿出气。

6月30日，警方以故意伤害致人死亡罪将谭某等4人刑事拘留，其他在场的6人也接到了警方的传讯。

总之，校园暴力是一个十分严重的问题，父母、学校和社会必须得重视起来，从而加强对学生的教育，防止类似的悲剧再次发生。

"三不管"少男少女——留守儿童

2015 年 6 月 10 日下午 5 点多，湖南省衡阳市某县的一个小镇上发生了一起毒杀案，两名死者是某所小学的学生，而且是一对姐妹。被害者汤某霞被发现时，已经当场死亡，而她的妹妹汤某林就倒在不远处的路边。当村民发现汤某林时立刻将她送到了卫生所，最终抢救无效死亡。

当地警方接到报案后，立刻开始介入调查。作为被害者老师的黄婷婷，也配合警方寻找案件线索。黄婷婷告诉查案的警察，被害者汤某霞生前有一个十分要好的朋友陈某，或许陈某能为警察提供一些有用的信息。

在黄婷婷的带领下，警察来到了陈某的家里，当时陈某正在和两个妹妹玩耍。陈某告诉警察和老师，在那天放学时有两个大孩子来找汤家姐妹，然后汤家姐妹就跟着他们一起走了，接下来到底发生了什么她也不知道。

根据陈某的证词，村里的人纷纷猜测汤家姐妹到底是怎么中毒身亡的。有的人说是汤家姐妹吃下垃圾堆里捡来的食物中毒身亡的；有的却说汤家姐妹是被人欺骗喝下有毒的可乐后死亡的。

后来警方的调查推翻了这两种猜测。原来真正的凶手就是陈某，是汤某霞一直形影不离的好朋友。汤家姐妹喝下的有毒可乐正是陈某递给她们的。由于陈某才 12 岁，无须承担刑事责任，但按照法律规定，陈某要被送到省里的少管所，而且最少得待上 3 年。

陈某来自于一个特殊的家庭，她从小就与爷爷奶奶生活在一起。陈某的母亲在生下孩子后没多久就不辞而别了，陈某的父亲则一直在外地打工。在陈某的心里，父母只是一个名词，她从来没见过自己的母亲，父亲最近也断了联系。陈某的爷爷是个脾气火爆的老头，每当陈某做错事，他就会不问缘由地斥责她或打一顿。

那么，陈某为什么要下毒毒死汤家姐妹呢？这要从陈某和汤某霞的友谊说起。陈某是班里性格最为孤僻的一个学生，学习成绩也不好，不是倒数第一就是倒数第二。而汤某霞呢，也是个学习成绩很差劲的学生，而且每天都穿得脏兮兮的，没有同学愿意主动接近她。于是，陈某和汤某霞就成了最好的朋友。

好朋友有快乐的时候，也有闹矛盾的时候。汤某霞每当和陈某有了矛盾，就会跑去向母亲诉苦。汤某霞的母亲有智力障碍，看到女儿受了委屈，就直接去找陈某算账，追着陈某掐几下或拧她的耳朵，有时候会言语不清地骂人。

对于从小没有感受过母爱的陈某来说，来自好朋友母亲的责骂直接挑动了她那根敏感的神经。她觉得十分愤怒，甚至觉得汤某霞背叛了自己，于是就产生了下毒的念头。一场由留守儿童酿造的悲剧就这样发生了。

留守儿童的父母为了增加家庭收入，在孩子很小的时候就被迫离开家乡到外地打工，于是留守儿童只能与爷爷奶奶生活在一起。爷爷奶奶作为留守儿童的监护人，因为年龄大、受教育程度低，只能保证孩子吃饱穿暖，其他方面根本照顾不到。而对于留守儿童的父母来说，由于见面的次数十分有限，双方之间的关系非常紧张。不少留守儿童的父母都将赚钱放到了第一位，想着等孩子长大了再教育也不迟，但等孩子进入青春期后，才发现根本管不住了。这时，许多父母常常会采用暴力的手段去管教孩子，这样只能加剧家庭矛盾，甚至可能酿成意想不到的悲剧。

2014 年 2 月 18 日晚上，湖南娄底发生了一起命案，死者是一名中年男性，而杀死他的却是自己的儿子。行凶者是一个 14 岁少年，名叫肖某，在进入青春期后，他开始沉迷于网络暴力，甚至还与当地的社会青年称兄道弟。春节期间，肖某的父亲从外地打工回来。在父亲在家的这段时间内，肖某还像往常一样我行我素，每天都泡在网吧里。有一天，肖某的父亲决定好好管教一下儿子，于是就到网吧找肖某。父子俩在网吧起了冲突，肖某在冲动之下就用刀刺死了父亲。

这种案例在留守儿童中间并不是孤例，同年在江苏泰州也发生了类似的悲剧。薛某从小就与 80 岁的奶奶生活在一起，他的母亲在他 1 岁时就离家出走了；父亲为了养家常年在外打工，根本无法顾及教育儿子。每当薛某不听话或惹祸时，父亲就会用拳头教训薛某，薛某只能被动接受。一天晚上，14 岁的薛某突然有了杀死父亲的念头，于是就用铁榔头砸向父亲的脑袋，还刺了父亲好几刀。杀人后，薛某便立刻骑着电动车逃走了。后来还是邻居闻到了异样的恶臭才报了警，这时薛某父亲的尸体已经腐烂了。

留守儿童由于没有父母的管教，很容易沉迷在电视、网络中。少年儿童通常都有着十分强烈的探求心理，所以很容易被网上的花花世界所吸引。这样一来，网吧就成了留守儿童常常出没的地方。在一些乡镇、村庄，网吧通常都疏于管理，只要给钱，不管是不是未成年人，都可以去上网。

当一个孩子将所有的时间和心思都用来上网，那么学习成绩必然会下滑，并产生厌学情绪，从而更加迷恋网络。网络上到处都充斥着暴力和色情，青少年很容易被这些信息所吸引。再加上青少年辨别能力差、缺乏判断力，就会被这些暴力和色情信息所影响，走上歧路。

通过网络所营造出的虚拟世界，青少年可以轻而易举地接触到一些年纪相仿的社会青年。由于青少年不仅容易受到外界的影响，而且做事冲动，不考虑后果，于是便会在社会青年的影响下沾染上不良的社会风气，甚至是模仿网络中的犯罪情节，从而导致严重的后果，例如下面这个案例中的张某。

张某从小与爷爷奶奶一起生活，在他两岁时父母就离婚了，他被判给父亲抚养，由于家庭条件不好，父亲常年在外打工，只有到过年的时候才会回来。

虽然家庭条件并不富裕，但张某却活得很顺心，他的爷爷奶奶非常溺爱他。随着年龄的增长，年迈的爷爷奶奶再也管不住张某了。张某读完小学就再也不愿意继续上学，而是整天和村子里的其他留守儿童一起疯狂地玩乐。

后来，张某就学会了抽烟，当时他才十一二岁，但张某根本没觉得有什么不妥，反而觉得抽烟是一种很酷的行为。张某还很喜欢向别人炫耀他拳头的力量，到处打架欺负人。

和所有的青少年一样，张某自从接触了网络后，就深深地沉迷于其中。渐渐地，张某手中的零花钱都用在了网吧里，身上没钱后，便想着去偷爷爷奶奶的钱。后来爷爷奶奶发现了张某偷钱，就开始教育他，并把钱藏了起来。张某找不到钱就开始骂骂咧咧的，在家里到处翻找，终于将爷爷奶奶藏在粮食下面的钱给找了出来。

爷爷奶奶管不住张某，就将此事告诉了他的父亲。父亲从外地特意赶来，将张某好好教训了一番，然后回去上班。等父亲离开后，张某继续我行我素。在花完家里的钱后，张某便和小伙伴们商量着弄钱的办法，最后他们决定去偷钱。

村里几户人家丢了几次钱后，就知道是张某偷的，于是暗暗警告张某不要再偷钱，不然让他好看。张某却根本不在乎，还威胁对方如果敢说出去就弄一桶屎倒在他家门口。于是村里人就只能找张某的爷爷奶奶说理，但爷爷奶奶根本管不住张某。

在村里胡闹了几年后，张某的父亲托人给儿子找了一份工作。工作没做多长时间，张某就开始天天旷工去网吧玩，最后老板就把张某开除了。没了工作后，张某更是常常在网吧上网，一玩就是一整天，每天都沉浸在网络暴力和色情当中。

一天，张某和几个狐朋狗友从网吧出来后准备去喝酒，在路上边走边聊天，张某对他们说，他想尝尝女人的味道。几个狐朋狗友立刻附和着说，他们也想。等张某几个人吃完饭后已经十一二点了，他们准备再去网吧上会儿网。由于网吧位置比较偏僻，张某等人在路上发现前面有一个独自行走的女人，就在酒精的作用下动了强奸的念头。于是，他们上去将这个女人拖到了一间破旧无人的房子里，然后把这个女人轮奸了。

第二天，张某等人像没事人一样继续到网吧上网，直到警察找到他们，张某等人才意识到自己闯下了大祸。最终张某被判处盗窃罪和强奸罪，接下来的 11 年张某都要在监狱中度过了。

一个人带坏一群人——青少年团伙犯罪

2014 年 3 月的一天早上 8 点，海南省东方市某镇的一家手机店的员工前来上班时，被店内的情景惊呆了。手机店内一片狼藉，而且还少了多部手机以及现金等值钱的东西。很显然，手机店遭遇了盗窃，工作人员立刻拨打了报警电话。

就在警方进行案件侦查的时候，该镇再次发生了手机专卖店盗窃事件，而且作案时间和作案手段十分相似，很可能是同一人或同一伙人所为。当地警方立刻重视起来，还专门调来刑事侦查大队的精干力量进行侦破。

专案组的警察通过走访受害者和周边的商户以及调取案发现场和周边的监控视频，找到了许多有价值的线索。这些盗窃案不是一个人所为，而是一伙人干的，也就是说这是一个犯罪团伙作案。不过让警方意外的是这伙犯罪分子居然大部分是未成年人，最小的只有 13 岁。

根据监控视频，警方看到了整个作案过程。在第一家手机专卖店被盗窃的那天凌晨，有 4 个少年鬼鬼祟祟地出现在了这家手机专卖店门口。他们分工十分明确，一个人站在附近警惕地看着四周，另外两个人则负责撬门。这些少年的撬门手法十分老练，没用多长时间就将卷闸门给撬开了。随后，3 个人溜进了手机店内，拿走了 14 部手机、3000 多元现金以及其他值钱的东西。最后，4 个少年就离开了，迅速地消失在了监控视频范围之外。

警方通过调查发现，这伙犯罪嫌疑人经常在市区内的网吧、家庭旅馆和东方中学门口出现，于是警方就派人到这些地方蹲点调查。通过两天的侦查，警方发现这个盗窃团伙的成员一共有 7 个人，其中邢某和杜某是这个盗窃团伙的头目，其他成员都是在这两人的安排下进行盗窃活动。

由于案件已经调查清楚了，警方决定开始行动。但考虑到犯罪嫌疑人大都是未成年人，警方首先采取了劝说其主动投案的方式，到犯罪嫌疑人的家里进行走访和说服。其中一名犯罪嫌疑人符某被说动了，并在父母的陪同下主动到警察局自首。符某为了配合警方工作，就主动通过短信约头目邢某在一家网吧见面。

邢某在被警方抓获后，很快就主动交代了整个犯罪过程。邢某告诉警方，他经常通过 QQ 联系其他犯罪嫌疑人。于是警方就利用 QQ 聊天套取了不少线索，并在家庭旅馆门口抓住了另外两名犯罪嫌疑人王某和吉某，他们二人当时正准备去开房。很快，严某和孙某也被警方在一家宾馆内抓获。这样只剩下了一名犯罪嫌疑人杜某，也是这个盗窃团伙的头目之一，他与被抓获的邢某是这个盗窃团伙中年龄最大的，都已经成年。剩下的犯罪嫌疑人都只是十三四岁的少年，不过有的人已经辍学了，只有 3 名犯罪嫌疑人还是在校学生。

犯罪嫌疑人邢某从初中起就辍学了，由于不服从管教，基本上不和家里联系。邢某每天都在网吧和旅馆打发时间。邢某有 5 个女朋友，他每天的生活除了上网和开房外，就是吃饭喝酒。其他几名犯罪嫌疑人也是如此，经常在网吧附近游荡，认识了不少不良的社会青年。

吃喝玩乐的开销很大，这些人又没有收入来源，就常常聚集在一起商量着怎么才能赚大钱。于是，这伙人就有了盗窃手机店的念头。为了能顺利得手，这伙人常常四五个一起作案，而且都选择在凌晨。他们将盗窃来的手机卖到回收手机的小贩那里，然后将卖得的钱进行分赃。

根据警方的调查，这7名盗窃犯的父母都长期在外工作，不在孩子身边。作为这个犯罪团伙其中的一个成年人，邢某从小生活在农村，父母也都在家务农，在他辍学后就来到城里打工，并和叔叔住在一起。杜某从小生活在农村，由于是小儿子，被父母过度溺爱，从而养成了叛逆的性格。严某的父母都是铁路职工，长期在外省工作，严某便只能和奶奶、二叔一起生活。孙某的父亲在外打工，他与患有精神疾病的母亲一起生活。王某是家庭情况最为特殊的一个，他的父亲因为抢劫罪被判了10年有期徒刑，母亲常年在外打工，他从初中起便辍学了，到处混日子。符某和吉某的父亲都是长途司机，常年在外开货车，当他们得知儿子犯法时，还在外地因为工作无法赶回。

最终，已经成年的邢某和杜某被刑事拘留了。其他的人由于还未满16周岁，所以只能在拘留几天后被父母领回家。

青少年是一个十分特殊的群体，很容易误入歧途。现如今，青少年犯罪的现象越来越严重，尤其是青少年团伙犯罪更为猖獗。青少年团伙犯罪主要有以下几个特点：犯罪动机简单，往往一哄而起，很容易受到同龄人的影响；犯罪活动比较公开化。集结成一个团体的青少年会更加猖狂，颇有倚仗人多势众的架势；团体较为松散，而头目常常是一个或几个有犯罪经验的人。青少年团伙犯罪的现象在世界上都是较为普遍的，例如下面这个发生在英国的案例。

萨曼莎是个15岁的少女，她和单身的母亲相依为命，在老师和同学们的眼中，萨曼莎是个很可爱的女孩，在学习时也很用功。但当萨曼莎认识了一个名叫麦克雷恩的男孩后，她就彻底改变了。萨曼莎成了麦克雷恩的女朋友，还加入了麦克雷恩所在的团伙。

麦克雷恩在过了新鲜劲后，就不再在乎萨曼莎了，经常打骂萨曼莎，这让萨曼莎很伤心。这个时候，萨曼莎的身边出现了一个名叫萨基勒斯的男孩，他对萨曼莎展开了热烈的追求。萨曼莎渐渐被萨基勒斯打动，就与萨基勒斯在一起了。

当麦克雷恩发现萨曼莎有了新情人后十分生气，当即提出要和萨曼莎分手，并将萨曼莎踢出了团伙。这让萨曼莎十分痛苦，她开始觉得自己离不开麦克雷恩和他的团伙，于是就央求麦克雷恩原谅自己。麦克雷恩提出了一个条件，他让萨曼莎将萨基勒斯诱骗到约定地点，让他出口气。萨曼莎同意了。

一天，萨曼莎向萨基勒斯提出了要带他去见家人的要求。萨基勒斯十分高兴，他对萨曼莎说，他很爱她，想要和她成家生孩子。路上，萨曼莎还发了几次短信，她告诉萨基勒斯自己是在和表兄商量碰面的地点。

萨曼莎将萨基勒斯带到了一个十分偏僻的小区，这个时候突然出现了几个十几岁的少年。这些人不由分说就将萨基勒斯打翻在地，然后用手中的棍棒不停地击打萨基勒斯。最后，一个头上绑着橘黄色布条的少年掏出了一把刀子，并向萨基勒斯的身上刺去。萨基勒斯一共被刺了6刀，其中最后一刀最为严重，刀子一直从胸口划到了肝脏，还在肝脏处搅了几下。

最终，萨基勒斯死了。用刀杀死萨基勒斯的人是麦克雷恩，他同时还是一个团伙的老大之一。这个青少年团伙是伦敦城南部恶名远扬的帮派，而且橘黄色是他们的帮色。

青少年为什么容易拉帮结派并进行犯罪活动呢？这与青少年特有的心理需求是分不开的。团伙对于一个青少年来说是极具诱惑力的，因为一旦加入某个团伙，就意味着自己能得到友谊、归属感和保护。如果一个青少年无法从家庭中获得这些心理满足，那么就很容易加入一个团伙，从而获得安全感。例如上述案例中的萨曼莎，她完全可以脱离麦克雷恩和他的团伙，但她却觉得自己离不开。在团伙之中，青少年还可以摆脱心理困扰，例如来自学业上的压力，或是从家庭、学校产生的自卑感和挫败感。

此外，责任分散的心理也促成了青少年团伙犯罪。责任分散的心理是由心理学家约翰·巴利和比博·拉塔内提出的。当时美国因为一起发生在克尤公园的杀人案而闹得沸沸扬扬。这是一起由许多住户目睹的杀人案，但让人们愤怒和意外的是，这些住户都没有选择帮助受害者和报警，不然悲剧也不会发生。人们纷纷谴责这些住户的冷漠和见死不救。但心理学家却提出了新的解释，并将这种现象称为责任分散效应，即如果个体被要求单独完成任务，那么责任感就会很强；如果是要求一个群体共同完成任务，个体的责任感就会被削弱，甚至会出现不作为的现象。

责任分散效应同样适用于团伙犯罪。在作案过程中，如果是团伙进行犯罪，那么团伙成员就会有安全感和作案勇气，因为犯罪的责任不是一个人在承担。相反，如果是单独犯罪，那么就会产生强烈的恐惧感和罪责感。也就是说，在团体犯罪中，成员会因为人多势众而变得胆大妄为。

教育的缺位——精神上的留守儿童

2012 年 3 月 17 日下午 6 点多,广西壮族自治区浦北县的一所职业学校发生了抢劫案,抢劫犯是两个未成年的青少年闫某、石某。这两人有很深的网瘾,把零花钱都用在了网吧,当没钱花后就开始合谋着怎么弄钱,于是他们就想到了抢钱。

随后,两人便搭乘出租车来到了一所职业学校,并向学生宿舍走去。闫某、石某二人找了好几间宿舍都没有发现人,直到 1 栋 3 楼时才发现了一间有人的宿舍,当时宿舍里的人正在打牌。

闫某看到有人后,就将准备好的刀子放到腰间,走入宿舍内进行抢劫,而石某则在宿舍门口望风。宿舍里的学生向林、刘华看到抢劫的只有一个人,根本不怕闫某,拒绝把钱交出来。闫某直接给了向林一巴掌,然后还踢了刘华一脚,最后闫某还随手抓起宿舍内的一张四方凳子砸了向林一下。这下,向林和刘华都不敢再反抗,闫某就抢走了向林 30 元现金和刘华的 25 元现金。抢完钱后,闫某和石某就匆匆离开了这所职业学校,并将抢来的钱用来吃饭和上网。很快,两个人就被警方抓住了。

法院经审理认为,闫某和石某的行为已经构成抢劫罪,由于考虑到两人未满 18 周岁,依法从轻或减轻处罚。

现如今,青少年犯罪已经成了令人瞩目的社会问题。根据调查发现,刚离校的初中毕业生和辍学青少年犯罪比例较大,而且这些青少年犯罪分子大多没有稳定的工作和收入，多是城市闲散人员或进城务工的青少年。

青少年在从事违法犯罪活动时，通常都会结伴而行，很少有青少年会独立作案。在许多青少年犯罪案件中，盗窃案和抢劫案的比例较高，因为青少年的作案动机十分简单，只是图财。不过青少年在选择作案对象时，通常都会找弱势群体下手，例如老人、妇女或学生，基本上不会将成年男子当成作案对象。

那么，大好年华的青少年为什么会走上违法犯罪的道路呢？其中有两个主要原因是不容忽视的：第一个原因是不良的家庭环境，不少从事犯罪行为的青少年都成长于问题家庭，要么父母当中有人犯罪或吸毒，要么是单亲家庭。青少年无法从家庭中获得温暖，其精神状态就好像留守儿童一样，所以通常都会到外面寻找臭味相同的伙伴，从而很容易产生邪念。第二个原因是社会环境的影响。青少年很容易被充满暴力、色情的网络所吸引，因此极易误入迷途。

日本长崎县佐世保市一所市立小学的六年级中有一个名叫御手洗怜美的小女孩，她的母亲在她8岁时就患癌死了，她与父亲和哥哥住在一起。怜美的父亲御手洗恭二有3个孩子，而怜美则是他唯一的女儿，因此深得父亲的喜爱。

在2004年6月1日这天，怜美像往常一样去上学，这天还是儿童节。在中午的时候，怜美的父亲接到了从学校打来的电话，老师告诉御手洗恭二一个噩耗，他的女儿在学校受伤了。御手洗恭二立刻赶到了学校，结果只看到了女儿的尸体。

首先发现怜美尸体的人是她的班主任。在当天中午12点半左右，班主任突然发现少了两名女生，就赶紧去找。结果却看到一个女孩回了教室，可疑的是这个女孩的手上和衣服上都沾满了血迹。班主任立刻上前质问，结果该女孩说这些血不是她的。班主任立刻想到了怜美，于是便带人去寻找怜美。

约10分钟后，一名老师在3楼的自习室发现了一个倒在血泊中的女孩，这个女孩就是怜美。该老师立刻打电话报警。当警察和急救人员赶到事发现场后发现，怜美早已经死亡了。怜美的致命伤口在喉咙处，她的喉咙被人用利器割开，伤口很深，怜美流了很多血，而且怜美的颈部和手臂上还有许多被割开的伤口。

很快，案发现场就被警方封锁了。学校也采取了措施，下令五年级以下的学生暂时停课回家，而六年级的学生则留在班级里接受调查。

警方将具有重大嫌疑的那名与怜美一起消失并且身上沾满了怜美血迹的女孩带到了警察局审问。嫌疑人在警察局承认了自己杀死怜美的事实，还交代了整个犯罪过程。由于该女孩的名字一直没有公开，以下简称为A。

在案发的当天中午，女孩A将怜美叫到了无人的自习室，然后引诱怜美坐在椅子上，并从背后遮住了怜美的眼睛，随后就用美工刀割断了怜美的喉咙。

那么，女孩A为什么要用如此残忍的方式杀害怜美呢？原来怜美与女孩A产生了矛盾，于是女孩A就萌生了杀害怜美的念头。在警察局，女孩A对自己所犯下的命案十分后悔，她不停地哭着说："我做了一件坏事。"

女孩A和怜美都有自己的个人网页，还喜欢通过电子邮件和手机进行交流。在4月份的时候，女孩A和怜美以及另外一名女孩开始在秘密的聊天室聊天，并且在留言板留言。到了5月份，女孩A换了个新发型，于是她就兴冲冲地将自己的新发型发表在个人网页上。怜美看到后就在留言板上留言，说女孩A的新发型不好看，还说女孩A长得胖。女孩A看到后十分不满，于是就想要杀死她。在怜美被杀害之前，女孩A和怜美曾在一次校内体育活动中大打出手。

那么，女孩 A 到底是怎么想到用美工刀杀人的呢？她在杀害怜美的数天前就已经买好了美工刀，而且还曾用美工刀恐吓过一名男孩。

女孩 A 告诉警方自己之所以会拿美工刀杀人，是因为受到了一部推理剧的启发，这部推理剧名叫《结婚相谈员系列》，主要讲述了各种杀人事件，其中就曾出现过用美工刀杀人的镜头。而女孩 A 看到了这一幕后，就记了下来。

此外，女孩 A 还很喜欢看恐怖小说，其中《生存游戏》是她的最爱。《生存游戏》是高见广春的作品，已经被拍成了电影。主要讲述了一个学生互相残杀的故事：日本政府由于对教育失去了信心，觉得教育无法阻止青少年进行暴力犯罪，于是就决定推行 BR 法，即每年从中学中抽取一个班级的学生去参加由军方举办的生存游戏，每个人都可以得到一种武器，他们会被送到一个荒无人烟的小岛上，然后进行相互残杀，最后能活下来的一个人就是胜利者。这部小说由于有许多有关暴力和杀人场面的描写，所以在当时引起了很大的争议，许多人都担心小说会对青少年产生不良的影响。而女孩 A 就受到了这部小说的影响。后来，女孩 A 还专门模仿《生存游戏》写了一篇文章，在这篇文章中，女孩 A 描写了一个班级的学生相互进行残杀，而活下来的人只有一名少女。

青少年很容易受到外界的感染和刺激，例如同龄人的拒绝、讽刺和排斥，从而产生犯罪冲动。而且青少年在作案时手段通常都比较残忍，甚至带有一定程度的疯狂色彩。不过关于具有暴力元素的电影、电视和小说等媒介是否会对青少年产生不良影响，一直存在着争议。但可以确定的是，原本就具有暴力倾向的青少年更容易受到这些具有暴力元素媒介的影响。

在上述案例中我们可以看出，女孩 A 之所以会杀害怜美，动机十分简单，就是因为一些小问题和小矛盾。青少年由于年龄小、社会经验少，在考虑和处理问题时通常都会任由情绪主导，会采取一些极端的方法和手段来解决现实生活中的某些小矛盾。怜美就是因为嘲笑女孩 A 的发型不好看，所以才遭到了女孩 A 的记恨，并引来了杀身之祸。

那么，该如何避免青少年走上犯罪道路呢？这需要家长和学校密切配合起来。首先是要谨防青少年出现夜不归宿、旷课、酗酒、抽烟、网瘾、早恋这些问题。

夜晚通常是绝大多数青少年罪犯选择作案的时间，因此当青少年出现夜不归宿的问题时，监护人一定要重视起来。

旷课是青少年走上邪路的开始，因此学校和监护人一定要重视起青少年的旷课问题，避免青少年用上课时间去上网或从事犯罪活动。

酒精不仅会损害青少年的身体，还会使青少年变得更加冲动，从而更容易引发打群架、抢劫和强奸等违法犯罪行为。不少青少年在犯罪之前都会喝酒壮胆。

抽烟对于一些青少年来说，是一种很酷的行为，但当他们一旦染上烟瘾后，就很难戒断。由于没有经济来源，为了购买香烟，青少年很容易想到盗窃和抢劫。此外，吸烟还会对青少年的身体产生危害。

网瘾也是许多青少年存在的问题，网上不仅充满了暴力和色情，上网还需要钱，不少网瘾少年都是因为缺少上网的钱而盗窃或抢劫的。

早恋的现象在青少年中间也十分常见，除了会影响学习外，还会引发青少年实施犯罪行为，例如有的男孩会为了争夺漂亮女孩而打架或报复。

此外，监护人和学校还需要加强对青少年的思想教育，主要从交友、控制情绪和法律观念这三方面入手。

朋友对青少年的重要性是不言而喻的，朋友也会深深地影响青少年。如果青少年接触到了社会上的不良青年，很容易会走上歧途。而且青少年通常很重视义气，觉得为兄弟两肋插刀是很光荣的事情，从而更容易参加打架斗殴。

情绪控制对青少年来说十分重要，因为青少年很容易在情绪不稳定的情况下产生冲动的行为。

法律教育是为了让青少年认识到犯罪行为会带来严重的后果，不少青少年犯罪的案例中，犯罪分子根本就不知道自己的所作所为后果是多么严重。

法律在保护谁？——未成年人犯罪

　　1993 年 2 月 12 日下午，英国利物浦的一名女士丹尼斯·巴尔杰带着她两岁的儿子小詹姆去购物中心买东西，在丹尼斯结账时，小詹姆突然不见了，丹尼斯立刻向购物中心的保安反映情况，商场便开始播放寻人启事，但还是未找到小詹姆。于是丹尼斯就拨打了报警电话。警方通过监控录像发现，小詹姆被一个大孩子领走了。

　　警方为了获得更多与小詹姆失踪有关的线索，便开始通过播放新闻的方式向公众征集线索。不少路人都反映曾看到两个大孩子拽着小詹姆，有不少人都发现小詹姆表现很不寻常。

　　一个老妇人向警方反映她曾看到过小詹姆，当时小詹姆的脸上有青肿，她还上前询问情况，结果那两个大孩子告诉她，小詹姆脸上的伤是他自己不小心摔的。老妇人就告诉他们最好去找警察帮忙，还向他们指明了警察局的方向。但两个大孩子却带着小詹姆朝着其他方向走了。老妇人这才起了疑心，便朝着他们大喊，但两个大孩子都没回头。直到晚上，老妇人看到了有关失踪男孩的新闻后，才觉得不对劲，于是立刻报了警。

　　一名女性也向警方反映曾看到过小詹姆，当时她还上前问他们在做什么，结果两个大孩子对她说，小詹姆迷路了，他们正想把他带到警察局去。但这名女性却注意到他们走的方向并不是警察局，她还看到了小詹姆脸上的伤，于是就问他："你还好吗？"小詹姆表现得很害怕，什么也没说。由于该女性当时正带着女儿，而且女儿已经累得走不动了，于是她就拜托一个路过的遛狗女人照看一下自己的女儿，然后她带着小詹姆去警察局，结果遛狗的女人拒绝了。这名女性就只能眼睁睁地看着两个大孩子带走了小詹姆。

一个宠物店的店员向警方反映，案发当天曾有两个大孩子带着小詹姆来宠物店，当时他就发现小詹姆脸上有伤，于是就准备拦下他们。但当时街上突然着火了，两个大孩子就趁乱将小詹姆带走了。

2月13日，小詹姆的尸体被找到了，几个在铁道旁边玩耍的小男孩意外发现了小詹姆的尸体。由于小詹姆的尸体被放在铁轨上，已经被火车轧成了两截。

法医通过鉴定发现，小詹姆的身上有42处伤痕，主要集中在脸上和头上，此外他的身体上还有多处骨折。显然，小詹姆在生前曾遭受过虐待。

这起命案在当时引起了不小的轰动，人们十分同情小詹姆和他的母亲，还专门在铁道旁边为小詹姆举行了悼念仪式。不过警方随后公开的案件信息更让人们觉得惊讶，杀害小詹姆的既不是人贩子，也不是恋童癖，而是两个看起来只有十来岁的小男孩。不过监控录像中只能看到两个男孩的背影，无法确定他们的身份。

根据这两个男孩的背影，警方认为他们的年龄应该在10～14岁之间，于是警方就开始到各个学校进行排查，准备找出当天逃课的学生。此外目击者们也纷纷提供有关这两个男孩相貌的信息。很快，警方就找到了犯罪嫌疑人，这两个男孩分别是乔恩和罗伯特。而且警方还在他们的家中找到了沾有血迹的鞋子。

当乔恩看到警察后立刻大哭起来，他对警察说："那个小孩不是我杀死的，都是罗伯特的主意，和我一点关系也没有，我不想坐牢。"乔恩还说自己只是向小詹姆扔了两块砖，而罗伯特却用铁棍打小詹姆。乔恩还表达了自己对

罗伯特的看法，他觉得罗伯特有些女气，很喜欢洋娃娃，但同时还具有很强
的攻击性。最终，乔恩承认自己参与了杀害小詹姆的行为。乔恩还问自己的
妈妈小詹姆的母亲现在怎么样了，希望妈妈能代替自己向小詹姆的母亲道歉，
他很后悔这样做。

当警方将乔恩带到警车上后，乔恩一直询问罗伯特的情况。而当警方要
提取他的指纹时，乔恩立刻变得十分紧张："这有什么用？是不是碰了人的
皮肤后就会留下指纹？你们要罗伯特的指纹了吗？"

相较于乔恩的慌乱，罗伯特倒是表现得很镇定，他告诉警方，在案发那
天他的确逃课了，但只是和乔恩在商场玩，虽然看到了小詹姆，但并没有将
小詹姆带走。在离开商场后，他就和乔恩去了图书馆，然后就回家了。当警
方质问罗伯特："为什么监控录像上带走小詹姆的那个男孩穿着和你一样的
夹克？"罗伯特镇定地回答道："这种夹克很常见，到处都有卖的。"

为了让罗伯特亲口承认整个作案过程，警方还找来了心理专家。心理专
家从罗伯特的家人那了解到，罗伯特很喜爱洋娃娃，尤其是能说话和唱歌
的洋娃娃。于是，心理专家就带着一个木偶去找罗伯特谈话。

最终，罗伯特承认自己带走了小詹姆，但却说杀死小詹姆的是乔恩，
自己当时还试图阻止，不过没成功。罗伯特还利用木偶演示了整个作案过程。

在案发的当天，罗伯特和乔恩都逃学了，他们在学校外意外相遇，并一
起结伴去玩，他们将书包特意藏到了一个秘密的地方，还换掉了校服。然后，
两个人就去了购物中心，他们很喜欢到商店偷东西和搞破坏。后来，两个人
将店员惹怒了，就被赶出了商场。这时，他们发现了小詹姆，就决定诱拐一
个小孩玩玩。乔恩用偷来的糖果成功将小詹姆骗走了。

当小詹姆发现妈妈不见了时，立刻哭了起来。乔恩和罗伯特为了防止引
起路人的怀疑，就开始殴打小詹姆不让他哭。他们将小詹姆带到了无人的铁

轨附近，然后便开始虐待小詹姆。

他们脱掉了小詹姆的夹克和裤子，并将偷来的颜料都泼到小詹姆的脸上，小詹姆害怕极了，开始又哭又叫。于是，他们就朝着小詹姆扔石头，还用铁棒殴打小詹姆。他们还往小詹姆的直肠里塞了两截电池，罗伯特可能将小詹姆当成了洋娃娃，塞进电池看看小詹姆到底会不会像洋娃娃一样说话和唱歌。

当罗伯特和乔恩发现小詹姆断气后，就将他的尸体放到了铁轨上，他们认为火车会帮他们销毁线索，警察会以为这只是一起意外事故。其实当时小詹姆并未死亡，他在轨道上挨了一段时间后才死亡的。

由于乔恩和罗伯特都是未成年人，因此按照法律规定应该被判刑 8 年，但因为人们的愤怒，法官给加判了两年，尽管如此人们还是十分愤恨，并向英国内政大臣迈克尔·霍华德递交了一份由 2.8 万人签名的请愿书，于是霍华德就将两人的刑期增加到了 15 年。

罗伯特和乔恩的辩护律师自然不会同意，于是就将霍华德告上欧洲人权法庭，抗议政府干预司法判决。最终，两人被判决在 2001 年获得假释。

2001 年，罗伯特和乔恩获得了自由，并且获得了新的名字和身份，回归到社会中，很少有人知道他们曾经杀害了一个无辜的小孩。但小詹姆的妈妈却还未从丧子的阴影中走出来。

许多国家和地区为了保障儿童、青少年的健康成长，都专门制定了未成年人保护法。但当未成年人犯罪时，未成年人保护法好像成了犯罪分子的保护伞，尤其是当受害者或被害者也是未成年人时，人们很容易产生愤怒和疑惑，未成年人保护法到底在保护谁？

青春期对于每个人来说都是一种挑战，但有的人却采取了暴力和攻击的方式。研究显示，一个人如果在儿童时期就出现了品行障碍，那么到了青春期就极有可能会走上违法犯罪的道路。而且这些有品行障碍的人即使到了成年时期，也很容易继续犯罪，例如上述案例中的乔恩，在获得假释后多次因为斗殴和持有毒品而被警方传唤，还被发现在电脑中存有大量的儿童色情资料。

Criminal Psychology

第七章

我是疯子我怕谁——

精神病人犯罪

疯子出门杀人——精神分裂症

2012年6月21日下午5点40分左右，在西安市东大街的一家烤鸭店门口发生了一起命案，被害人是一名21岁的女子，名叫陈某。据目击者反映，陈某与犯罪嫌疑人在经过烤鸭店门口时，因磕碰发生了争执，然后犯罪嫌疑人就从架子车上抽出了一把菜刀，向陈某的头部和颈部砍去，陈某的双侧颈总动脉被菜刀砍断，并引起了大出血，最后因失血性休克当场死亡。很快，犯罪嫌疑人就被抓住了，是一个24岁的男子，名叫田荣荣。

田荣荣老家在彬县，在案发当天他正拉着自己拾荒的架子车在东大街走，然后在转弯处与陈某发生了磕碰，于是就用菜刀砍死了陈某。

由于涉嫌故意杀人，田荣荣被西安市的警方刑事拘留，然后由西安市人民检察院提起公诉。但由于田荣荣患有精神分裂症，在其行凶时，正处于精神分裂症发病期，因此丧失了行为的辨认和控制能力，依照法律规定不负刑事责任。再加上田荣荣的经济能力有限，被害者家属索要巨额赔偿的要求也落空了。

对于西安安康法医精神病司法鉴定所给出的鉴定结果，被害者的家属表示不服，于是就请上海司法鉴定科学技术研究所司法鉴定中心再次为田荣荣进行精神鉴定。鉴定的结果依旧是，田荣荣患有精神分裂症，在行凶时正好处于发病期，当时不具备刑事责任能力。

这个结果让陈某的家人难以接受，毕竟陈某是家中的顶梁柱，当她的母亲宋某拿到判决书后，得知田荣荣不仅不需要承担刑事责任，就连赔款也无力支付，立刻觉得日子没法过了。

在宋某的心中，陈某是个十分懂事的女儿。在陈某小的时候，父母常年在外打工，家里就靠她一人照顾 3 个弟妹，她不仅要照顾弟妹的日常生活，还要送他们上学，那个时候陈某才只有 8 岁。

到了 16 岁，陈某便早早地辍学外出打工，家里的经济条件实在拮据，依靠父亲一人在煤矿打小工，只能勉强糊口，根本还不完外债，而且母亲还有病不能工作。

打工挣钱后，陈某根本不舍得花钱，她把工资全都攒了起来，希望能帮助家里还债。有一次，陈某刚领了工资却被小偷偷走了，那一次她伤心了好长时间。2011 年，陈某将辛苦攒下的 2 万元都寄给了家里，她还通过短信劝父亲，让父亲不要在煤矿上班了，那份工作太危险，她还说自己现在每个月能挣 3000 元了，家里的外债就由她来还。

对于陈家来说，陈某就是他们生活的希望，但现如今陈某被人杀害了，陈家又得不到赔偿，生活一下子变得艰难起来。陈父患有风湿病，不能外出工作，还需要花钱买药，宋某的身体也不好。于是，陈某最小的妹妹也只能辍学外出打工挣钱。可是，面对一个精神病人犯下的罪行，他们无可奈何。

精神分裂症是一种十分常见的精神病。患者会存在思维、感知觉、情感、行为等许多方面的障碍。通常情况下，精神分裂症患者的认知功能和智力是正常的，但有些患者会出现认知功能的损害。有些患者在接受治疗之后基本可以痊愈。

提起精神分裂症，人们通常会想起疯子，并且按照字面的意思理解，认为精神分裂症患者在病发的时候会变成一个充满了暴力倾向的疯子。此外，人们还很容易将精神分裂症和多重人格障碍这两个概念混淆。有不少人都认为精神分裂症就是指一个人的人格是分裂的，其实不然。最早提出精神分裂症这个概念的是一位瑞士的精神病学家。他对精神分裂症的定义是，思维和感情上的分裂。也就是说，精神分裂症的患者只有一个人格，而不是像多重人格障碍的患者一样拥有那么多的人格。

此外需要注意的是，虽然精神分裂症的患者只有一个人格，但却是破裂的，具体表现就是现实与幻觉的断裂，正因如此患者才分不清现实与幻觉之间的区别，也才会出现大量幻觉。而多重人格障碍的患者所拥有的那么多人格，都是完整的。

关于幻觉方面，多重人格障碍的患者会认为自己听到的声音来自内部，是自己跟自己对话，并且能意识到这是幻觉，不是真实的，有时候甚至会用理智压抑这种幻听。但对于精神分裂症的患者来说，他会认为那种声音是外在的、真实的，他们会毫不犹豫地相信实际上并不存在的幻觉，有时候甚至会坚定不移地执行。

在精神分裂症患者杀人的案件中，许多人都会为被害者和他们的家属感到不公平，认为杀人犯因为患有精神分裂症而不负刑事责任，实在太便宜他了。法庭审理此种类型的案件时，会将精神鉴定意见书当成参考，并不一定会完全按照精神鉴定的结果来判案，例如下述案例。

2013 年 5 月 20 日的晚上，北京市的一处平房区的一间屋子内发生了一起伤人案件，伤人的是李某，受害者是诸某。李某和诸某是关系不错的朋友，从 5 月中旬起便居住在一起。在案发当天，李某在睡醒之后突然发现自己的手表不见了。邻居得知后就对李某说，可能是诸某拿走了。到了晚上 7 点左右，诸某在外喝酒回来，李某立刻质问对方是否拿走了自己的手表，诸某立刻否认，两人因此争吵起来，并动起手来。在这个过程中，李某发现桌子上有一把水果刀，于是就拿起水果刀捅向诸某的腹部。看到诸某血流不止后，李某变得慌张起来，立刻逃离了案发现场。而诸某则被邻居送往医院急救，到了第二天凌晨，诸某因为伤重不治身亡。很快，李某就被警察抓住了。

在警察局，李某老实交代了自己捅伤诸某的整个过程。此外，李某还主动交代了其他犯罪事实，主要有1次酒后滋事伤人、26次入室盗窃。根据李某的交代，他从2012年起便开始盗窃财物，除了手机、首饰、数码产品这类值钱的东西外，李某还盗窃过公交卡、纪念币、香烟和硬币等一些不值钱的东西。

不过，李某是一名精神分裂症患者，这是北京市公安局强制治疗管理处司法鉴定中心鉴定的结果。也就是说，李某在实施违法行为时，可能因为受到精神分裂症的影响，从而使控制能力受损，他极有可能不用负刑事责任。

北京市三中院在开庭审理李某所犯下的案件时，考虑到李某在入室盗窃时的作案动机现实，没有受到精神分裂症的影响，具备辨认和控制行为的能力，因此需要承担全部的刑事责任。最终，李某因为故意伤害罪、寻衅滋事罪、盗窃罪被合并判处有期徒刑15年，剥夺政治权利3年，处罚人民币2000元，并承担民事赔偿5万余元。

由于新闻媒体、电影和电视节目的影响，许多人都对精神病患者产生了不好的印象，认为精神病患者不仅疯狂，而且充满了暴力，他们伤人杀人都是不用承担法律责任的，因此遇到精神病患者就要退避三舍。但实际上，大约90%的精神病患者都不会伤人，更别提杀人了。实际上，大多数精神病患者更倾向于自残。

精神分裂症患者中有时也会出人才，例如数学天才纳什，他不仅提出了著名的博弈论，还获得了诺贝尔奖。纳什在普林斯顿大学学习的时候，已经提出了博弈论的雏形。但不久之后他就开始被精神分裂症所困扰，他总是会做出一些令人费解的行为，后来甚至还宣称世界末日到了，外星人和他进行了联系。纳什甚至怀疑自己在美国会受到迫害，就跑到欧洲去了。在那里，他向人们宣称美国的制度从根本上就是一个错误。后来纳什被遣送回国，对此纳什认为自己像一个奴隶一样被锁回了国。

思维障碍是精神分裂症的主要症状表现，主要包括两种障碍，即思维形式的障碍和思维内容的障碍。如果是思维形式的障碍，那么患者在逻辑思考方面就会出现问题。而思维内容的障碍主要表现为妄想。例如患者的脑袋中经常会冒出一些稀奇古怪的想法，即使在没有证据的情况下，也会渐渐相信那就是事实。在妄想方面，最常见的就是被害妄想。据统计，在精神分裂症患者中，有80%的患者都表现出了被害妄想。

被害妄想有时候会让精神病患者表现出很强的攻击性。2013年1月15日下午1点45分左右，娄底市新化县上梅镇北渡小学发生了杀人事件。杀人的是新田村村民王志初，他拿着一把刀子翻墙进入了北渡小学，然后用刀子攻击正在上体育课的学生，导致两名小学生重伤死亡。

很快，王志初就被警方给控制住了。根据湖南省芙蓉司法鉴定中心的鉴定结果，王志初是个精神分裂症患者，经常会陷入被害妄想中，而且还存在十分严重的暴力倾向。这意味着，王志初在行凶时是没有行为辨认和控制能力的。也就是说，他没有刑事责任能力。不过考虑到王志初有严重的暴力行为倾向，可能会继续危害社会，因此王志初被强制接受治疗。

漠视他人权利——反社会人格

2000 年 9 月 1 日傍晚时分，常德市农业银行江北支行北站分理处门口突发了一起抢劫杀人案。3 名戴着帽子的蒙面歹徒突然从人群中窜出，然后开枪打死了 3 名押车的经济警察和两名出纳员，还抢走了两支微型冲锋枪和 20 多发子弹，就连街旁的一名出租车司机也不幸成了歹徒的枪下冤魂。

所幸，银行的两名女职员及时按响了柜台下的警铃。警铃的声响让歹徒变得慌乱起来，在开运钞车后厢门时不小心将钥匙扭断了，于是抢劫未遂的歹徒选择了先逃命。在逃命的过程中，歹徒还不忘继续行凶，打死了 1 名路过行人，打伤 3 名行人，还将一名 3 岁女孩撞伤了。常德市的警察在接到报警电话后，立刻赶到了案发现场，并一边维护现场秩序，一边追捕歹徒。

很显然，这是一起精心策划的抢劫杀人案，警方没追上歹徒。到了 9 月 2 日的晚上，当地警方决定采取地毯式搜查的方式寻找歹徒，仅仅依靠警力是远远不够的，警方就在常德市发动群众配合调查和提供线索。

地毯式的搜查很快有了结果，警方在鼎城区的一个河堤上发现了一辆被遗弃的出租车，这应该是歹徒逃跑时乘坐的出租车。警方还在后车厢和附近的松土处发现了 4 具被枪杀的尸体。经过调查，只确定了 3 名死者的身份，剩下的 1 具尸体的身份无法确定。最关键的是，警方还在河堤附近的草丛里发现了一枚弹壳，经检验，这是案发当天歹徒所使用的枪支发射出来的。

随着调查的深入，警方将一个名叫李京生的常德人重点监视起来，因为此人与犯罪嫌疑人的关系不一般，那些歹徒经常在他开的"胖子酒家"吃饭和聚会。

身在益阳的犯罪嫌疑人赵正洪也被警方监视起来。9月4日晚上，益阳的警方接到线报，赵正洪似乎想要外逃。9月5日上午11点左右，赵正洪正要搭车去汽车站时，被警方抓住。

通过审讯，警方从赵正洪那里了解到另一名犯罪嫌疑人的藏身之所，这名嫌疑人名叫李泽军，警方将其抓获时，还在他的住所搜出了一支已经上膛的猎枪和3发子弹。

9月5日12时47分，常德市的警方也开始行动了，将与犯罪嫌疑人关系密切的李京生抓获。13时30分，抢劫案主谋张君的情妇陈乐也被警方抓获。

警方从陈乐那里了解到抢劫案主谋在常德市的住处，并在那里搜查出了许多枪支和子弹，还有作案工具。

9月6日下午4点，犯罪嫌疑人王雨被警方抓获。9月9日晚上8点左右，嫌疑人严若明被警方抓获。

虽然犯罪嫌疑人一一落网，但警方依然不敢懈怠，因为抢劫案的主谋张君依然逍遥法外，不过警方已经掌握了一条重要线索，就等着张君现身并将其抓获。9月13日，警方抓住了张君的另一名情妇，名叫杨明燕，据她交代，在5日这天与张君见过面，当时张君为了筹钱，还卖掉了一辆蓝色桑塔纳车。

在9月4日，张君曾专门乔装打扮了一番，然后独自一人从常德来到长沙，并在长沙乘坐飞机到了广州。他这么做其实是为了将警方的视线引到广州。警方也将计就计，通过新闻媒体施放烟幕弹，造成警方已经将抓捕重点放在广州的假象。实际上，警方的重点抓捕工作是在重庆，因为张君在广州向常德打了6个电话后，就搭乘飞机从桂林绕道后到达重庆。

9月19日，重庆警方得到一条重要消息，张君要在渝中区观音岩或南纪门现身，并与一名女子见面。到了晚上快 10 点时，一名身着深蓝色圆领衫的男子出现在了观音岩处，他就是张君。几分钟后，张君被埋伏在附近的警察抓获。

刚被抓住的张君十分震惊和愤怒，一直不断地嗷叫，似乎在发泄情绪。在最初审讯的时候，张君表现得十分嚣张："要不是我太疏忽大意，警察就是再隔 10 年也别想抓住我！"

不过很快，张君就冷静了下来，并开始招供，还对着摄像机的镜头说："儿子，你们千万不要像我一样作恶，要自食其力，就算别人掉在地上的钱也不要捡。像我这样'高智商'的人都栽在了警察手里，其他的人就更不用提了。"

10 月 7 日晚上 10 点多，最后一名犯罪嫌疑人陈世清在常德安乡县被抓捕。

张君是这个抢劫杀人犯罪团伙的主谋，该犯罪团伙不仅跨省作案，而且时间长达 8 年，犯下了 10 余起案件，死、伤将近 50 人。

作为这个犯罪团伙的主脑人物，张君做了许多准备工作，他会千方百计地搜集枪支弹药，还专门研读了《轻武器射击实用手册》《国造枪械列传》《中国人民解放军攻与防》等有关书籍。

在每次抢劫之前，张君都会命令所有人去作案地点踩点，而且一踩点就是十多天。每个人还得按照张君所规定的，每天写踩点日记。这样充分的准备工作，让张君及其团伙对作案地点和逃跑路线十分熟悉。

张君经常安排团伙成员在山里进行打靶训练，为了不引起怀疑，他们还专门在枪上安装了消音器。

每次作案完毕，张君都会将团伙成员手中的武器弹药收起来并藏在一个秘密地点，进行统一保管。

张君十分重视团伙成员的忠诚度。每个团伙成员在入伙之前都必须得杀人。警方在常德市鼎城区的一个河堤处发现的一具无名尸，就是张君为考验李京生，让他开枪杀死的。原来李京生是张君的好朋友，了解许多犯罪团伙的情况。张君本想杀人灭口，但想到李京生还有利用价值，就让李京生开枪杀人。在张君看来，这是一个考验。如果李京生不敢开枪杀人，那么他就会将李京生杀死。

在所有的团伙成员中只有一个人例外，这个人叫王雨。当张君让他杀人入伙时，王雨因为胆小不敢杀人。王雨之所以没有被张君杀死，是因为他是张君的表外甥，张君正是看在亲戚的面子上才饶了王雨一命。

为了避免团伙成员背叛自己，张君不止一次地放出狠话，谁要是泄露了团伙的秘密，就要杀死他全家。此外，张君还定下了许多规矩，凡是违反规矩的成员都要付出代价。有一次，李泽军违反了规矩，就自己用刀剁掉了左脚小指头。

起初，张君只是独自作案，后来渐渐将自己的亲戚和朋友拉下水，让他们加入自己的违法犯罪活动中。例如，李泽军就是张君的外甥。在父母和村民们的眼中，李泽军是个老实的好孩子，从来不做打架斗殴、偷鸡摸狗之类的事情。在入伙之前，李泽军和很多外出打工人员一样，辛辛苦苦挣钱。在张君最初拉他入伙时，李泽军也犹豫过，但还是没能抵住张君的诱惑，他觉得跟着张君，能过上比打工挣钱强得多的日子。

张君出生在湖南省常德市安乡县安福乡花林村一个贫穷的农民家庭，家中有7个兄弟姐妹，他是年纪最小的一个。在张君14岁时，他的母亲就因患子宫癌去世了。张君脑袋聪明，在学校的成绩并不差，但却是个很喜欢捣蛋的学生，高一时因为打架伤人而进了少管所。

1987年，张君认识了一个女孩肖某。在两人准备结婚时，却遭到了肖父的反对。张君没有像普通青年一样放弃，而是用暴力手段胁迫肖父，他带着3把刀子到肖家示威，扬言如果不将女儿嫁给他，他就杀死肖家所有人。

就这样，张君与肖某结婚了。婚后不久，肖某就发现张君很不可靠，整天在外面鬼混，从来不找正经工作做。肖某也曾尝试着劝说张君走正途，但却遭到了张君的辱骂和殴打。几年后，肖某终于忍不住了，她向张君提出了离婚，张君非但不同意，还威胁要杀死肖某，肖某只能外出打工。张君也没闲着，离开了家乡，并渐渐开始违法犯罪活动。1995年，肖某在张君缺席的情况下离了婚。此后，肖某就开始带着两个儿子独自生活。

张君属于反社会型人格，这是一种偏离正常人格的人格障碍。反社会型人格者在道德情感方面是极度匮乏的，可以说就是一个道德白痴。反社会人格者在情绪、情感体验上与正常人不同，通常都是非常冷漠的，他们似乎没有恐惧和内疚的感受。

反社会人格者的变态行为通常在15岁左右才出现，超过18岁后才能被诊断，但反社会人格者在其儿童期就已经表现出异常了，例如喜欢欺骗、偷盗、打架、逃学等。反社会人格者进入青春期后，通常会出现过早的性行为，甚至是性犯罪。

具有反社会人格的人在成年后，会出现许多不负责任的行为，例如对家庭不负责、欠债不还等。在步入而立之年后，部分患者的反社会行为会有所缓解。但由于感情的匮乏，具有反社会人格的人往往很难与周围人建立起真正的亲密关系。

杀人犯法——为何精神病人例外？

42岁的方冉是西安人，她有一个特殊的家庭，她的弟弟方林已经36岁了，每天都被一根铁链拴在家里，只能与父母和姐姐方冉进行交流。5年前，方林曾离家出走，后来是警察在市区一个地下通道处，发现了已经昏睡了两天的方林。

之后，方林就被父母带回了家。起初方林显得很正常，就是不怎么说话。但不知从什么时候起，方林就开始变得充满了攻击性，会无缘无故地抄起东西伤人，就连对父母也是拳打脚踢。

现如今，方林的家里除了简易方凳和床以外，几乎没什么家具，因为家里的家具基本上都被方林摔坏了。而且，方林所居住的屋子没有什么照明的东西，这是为方林的安全考虑。

在方林刚开始发病的时候，方冉曾想过要将他送到精神病院去。毕竟父母的年纪大了，父亲的身体不好，还有点老年痴呆，方冉的母亲一个人无暇照顾两个人。母亲最终不同意将方林送到精神病院，就算她曾被儿子打过，但她依旧爱儿子，她无法想象方林住进精神病院会是什么样的情形。

后来，方冉就想到了一个办法，将方林用铁链锁在家里，这样方林就不会到处惹事了。虽然方林因为一根铁链被迫与外界隔离开来，但他至少还有亲人的陪伴。在方冉看来，这是最好的解决办法了，可以让方林不自伤和伤害他人。

自从方林出事后，方冉已经放弃了多次升迁的机会，因为她知道一旦自己把所有的时间都用在工作上，就无法照顾父母和弟弟了。方冉每个星期都要回家两趟，每次回家都会购买许多食物，这些食物够父母和弟弟吃上两三天。方冉的父亲和弟弟不能下楼，母亲因为要照顾他们，下楼的次数也很有限。

社区服务中心的医务人员得知方林已经被铁链拴了 4 年后，就专门给方冉做工作，让她打开拴住方林的铁链。方冉被说动了，但铁链打开没超过两天时间，她又将方林锁上了，因为方林根本无法控制自己的行为。

方冉希望弟弟有一天能康复，像正常人一样生活，但这个愿望能实现的希望非常渺茫。可能有一天，方冉还是得将弟弟送到精神病院去。因为有一个精神病弟弟，方冉的丈夫、婆婆对此很不满，好像患有精神病的弟弟丢了他们的脸一样。为此，方冉的压力很大。

方冉的遭遇，相信身边有精神病患者的人会感同身受。提到精神病人，人们就会想起无法控制自己行为的疯子。在许多人的眼里，精神病人就是一个异类。对于精神病人的家人来说，被人知道家里有精神病患者是一种耻辱。正因如此，精神病人往往无法接受有效的治疗。通常情况下，家人都会将精神病人关起来，防止他们做出出格的事情。但是，这种解决问题的方式，显然只会让精神病人的症状越来越严重。

一个人从出生开始直到成年，在这个成长过程中我们会渐渐了解所生活的人类社会的道德准则和法律法规。对于一个能控制自己言行的人来说，必须遵守道德准则和法律法规，这样才能融入周围人的生活中去。但是很显然，精神病人不具备这样的能力。那么当精神病人出现违法的行为时，例如杀人，我们该如何对待他呢？法律告诉我们，精神病人不具备刑事责任能力，因此不用负刑事责任。那么，法律为什么会如此规定呢？这与我们的道德直觉有关。

　　猕猴和人类一样也是群居动物，虽然它们不像人类这样有明文规定的法律，但猕猴也得遵守规矩，不然就会被其他猕猴教训。1972 年，在得克萨斯州一个封闭的环境中，一位灵长目动物学家在观察猕猴的习行时，发现了一只有问题的小猕猴，以下简称 A。

　　这只小猕猴 A 从小就与猴群中的其他猕猴不同，它会横冲直撞，有时候会撞进灌木丛和仙人掌丛，将自己弄得遍体鳞伤，有时候它还会撞上其他猕猴。在猴群中，无缘无故的相撞会被当成是挑衅，如果一只猕猴撞了另一只猕猴，那么通常被撞的猕猴会觉得对方侵犯了它，它们之间就会发生打斗。

　　但如果 A 撞上了其他猕猴，对方根本不会去打它，好像知道 A 无法控制自己的行为一般，会觉得殴打的惩罚方式对 A 根本不奏效。就算殴打 A 一顿，下一次它还是会无缘无故地撞上其他猕猴，这是 A 无法控制的。

　　这种现象或许可以解释为什么疯子杀人无须负刑事责任。杀人犯法这是我们从很小的时候就知道的常识，我们不能随意剥夺他人的生命，这对被害者和他的家人来说是不公平的。但如果行凶者是个精神病人，从道德感上来讲，我们会陷入两难的选择之中。一方面我们同情被害者及其家人，认为他们不该遭此横祸；但另一方面行凶的精神病人也是值得同情的，他饱受精神疾病的折磨，他的家人也是如此。在面对如此两难的境地时，我们通常需要用我们的道德直觉去做判断，这是我们在长期进化过程中被赋予的能力之一。而猴群中所有猕猴对 A 的态度，就相当于我们凭道德直觉所做出的判断，即法律法规只针对正常人，即具有刑事责任能力的人。

　　精神病人除了要饱受精神疾病的折磨外，还被剥夺了自由选择和接受审判的权利。例如下述案例中的张某。

　　2013 年 7 月 2 日，澄城县王庄镇一个村庄里发生了一起令人震惊的命案。在当天晚上 7 点左右，63 岁的张老汉和老伴被患有精神病的儿子张某杀害。

张某手中拿着棍棒，疯狂地攻击父母，张某胸前的包里还插着一把菜刀。当时有许多村民目睹了整个案发过程，但根本不敢上前阻拦，只能等警察来，因为张某显得极其疯狂，很可能会伤害阻拦者。

当地的县公安局侦查大队派出了 20 余名警察，才将张某制伏。张老汉和老伴虽然被送到医院接受治疗，但还是因伤重不治身亡。

当地警方认为这是一起故意杀人案，并开始立案侦查，但通过司法鉴定，张某患有精神病，属于重度精神分裂症，而且在案发时正处于发病状态，没有刑事责任能力。不过考虑到张某有强烈的攻击性，会给周围人带来伤害，法院作出让张某接受强制治疗的判决。随后，张某就被送到了澄城县东大街精神病医院。在接受了一年多的治疗后，张某的症状有了一定的缓解。

在张某所居住的村庄，村民都知道张某是个疯子，他经常会光着身子在村里乱跑，还会对村民做出攻击行为。当时就有人担心张某会闹出什么乱子来，但谁也没想到张某疯狂起来居然会杀人，而且杀死的还是自己的父母。

据有的村民回忆，张某是从高中开始变疯的。张某初中时学习还不错，后来便考入了县城的一所高中。由于家里经济条件不好，张某从父亲那里得到的生活费很少，因此张某就偷了同学的财物，被同学知道后，遭到了一顿暴打，从那以后张某的精神就失常了，成了谁也控制不住的疯子。

在人们的心中，疯子始终是安全的隐患，因此人们都不喜欢疯子出现在自己的生活中。这样法院在审理精神病人的案件时，通常都会采取强制的方式，将犯法的精神病人送到精神病院接受治疗。

精神病人被送到精神病院后，就会被安排接受治疗，但没有人知道精神病人需要接受多长时间的治疗，可能是几个月，也可能会在精神病院里待上一辈子。

精神病人想要获得自由，就必须接受医院等权威部门的鉴定，只有他的精神状态被证明恢复正常了，精神病人才有可能从精神病院离开。当然，精神病人在精神病医院里接受什么样的治疗，也不是他自己能决定的，这得由医生做主，例如给精神病人强制注射某种精神类的药物。

著名经济学家纳什就曾被强制送入精神病院接受治疗，他当时正在欧洲，然后被强制送回美国，他认为自己像个奴隶一样被锁回了国。纳什一共两次进入精神病院接受治疗，这两段经历对纳什来说十分痛苦。

在第一次入院治疗中，心理医生问及纳什的童年经历。纳什的同事去探望他的时候，纳什告诉同事说："我只有变得正常了，才可以从这里出去，但我从来没有正常过。"

纳什第二次入院接受治疗，是被妻子强行送入精神病院的。在那里纳什接受了药物治疗，也就是注射胰岛素，现如今这种药物治疗已经被禁止。纳什因为被注射了大量的胰岛素，所以陷入了长时间的昏迷中。等纳什清醒了之后，他变"乖"了。对此有人认为，纳什的正常好像是被人"打"乖了。

半年后，成功脱下精神病服的纳什，在走出精神病院后所做的第一件事情就是找到儿时玩伴，他对好友说："给我讲讲我们小时候的经历吧，这次的治疗几乎让我的童年变成了空白。"这一次的入院经历让纳什对药物治疗心有余悸，他拒绝再接受任何药物治疗，因为这种治疗虽然可以缓解他疯狂的症状，但却让他的思维变得迟钝起来。

法院还会剥夺精神病人接受审判的权利。如果一个人被控有罪，那么就会在法庭上接受审判，并且还可以为自己辩护。但精神病人是没有这项权利的，法院会认为精神病人没有接受审判的资格，从而直接将精神病人强制送到精神病院。

在有些人看来，只要杀人犯是精神病人，那他的杀人行为就不算犯法。但在实际审判中，法官会考虑行凶者在杀人时是否处于发病期，而且精神病的症状必须与作案行为之间存在直接的因果关系。在这种情况下，疯子杀人才不算犯法。

如果一个杀人犯被鉴定患有严重的精神疾病，但在作案时却处于间歇期或病情缓解期，那么他就必须为自己的杀人行为负刑事责任。再者，就算精神病人在杀人时处于发病期，但如果症状与作案行为之间没有直接的因果关系，也不能逃脱法律的制裁，法官会根据具体情况，让其承担相应的刑事责任。

精神鉴定——对精神疾病的界定

耶特斯是一个 37 岁的家庭主妇，还是 5 个孩子的母亲。在 2001 年 6 月 20 日的早晨，她做出了一件令人震惊的事情，她将自己的 5 个孩子全都溺死在了浴缸里。她为什么要这么做？耶特斯说，她这么做是为了将孩子从撒旦那里拯救出来。而撒旦就在耶特斯的身体内，想要摆脱撒旦，就得将她的孩子全都杀死，这样她就会被处死，撒旦就不会再缠着她了。

在开庭审理该案件时，耶特斯的律师证明她是个精神失常的人，而且常常被幻想所控制。律师还提供了许多证据，既有专家的证明，也有耶特斯的失常经历。耶特斯曾经有过两次自杀未遂的经历，而且在自杀之前就已经被诊断为患有精神病，后来还在精神病院里待了一段时间。这些证据均可以证明，耶特斯之所以会溺死自己的孩子，完全是因为幻觉和妄想症的复发。

根据得克萨斯州的法律规定，一个人如果犯下了杀人案，那么即使他是一个精神病患者，也极有可能会被判承担刑事责任。也就是说，不论耶特斯是否曾经受到过精神疾病的困扰，只要在犯下命案时具有分辨对错的能力，那么她就会被判有罪。

控方认为，耶特斯的精神疾病只有在被监禁的时候才会变得尤为严重，而当她在家时她的症状就会缓解，这说明耶特斯在溺死 5 个孩子时具有分辨是非的能力。

最终，耶特斯被认定犯有谋杀罪，不过陪审团在作出裁决时免除了耶特斯的死罪，耶特斯被判处终身监禁，直到 2042 年才能获得一次假释的机会。

在人们看来，耶特斯的行为是无法理解的，没有人会朝自己的孩子下手，她一定是疯了。这种疯子杀人的案件如果是放在我国，精神病司法鉴定就变得尤为重要起来，因为这决定了行凶者到底应不应该负刑事责任。

从心理学的角度来说，一个人到底是否拥有自由意志还不能下定论。但如果从法律的角度来说，自由意志是必然存在的，即一个人可以自由地选择自己的行为并为自己的行为负责。当一个人行为越轨了，那么按照法律规定，这个人就要受到惩罚。但如果一个人的行为根本无法自行控制，例如精神病患者，那么他就不具有自由选择的能力。一个人到底是否具有自由选择的能力，要由精神病司法鉴定做判断。

精神病司法鉴定的全称叫"司法精神病学鉴定"，是一门交叉学科，介于精神病学和法医学之间。在对一个触犯法律的人进行精神鉴定的时候，专家会通过谈话和观察的方式来确定当事人的精神状态、行为能力、精神损伤程度以及司法精神病因果关系等问题，从而确定当事人是否具有刑事责任能力。

那么，一些人为了逃避法律责任，会不会伪装成精神病人，从而骗过精神病司法鉴定专家的眼睛呢？毕竟精神鉴定又不是身体检查，过程非常主观。

2011 年 4 月 14 日，鞍山市某村的一家大众浴池和洗车店内发生了一起特大杀人案，凶手一共杀死了 10 个人。很快，凶手周某就被抓住了，他与被害者的关系十分密切，在他杀死的 10 个人中有他的妻子和儿子。

周某的母亲有间歇性精神病，他主要是由父亲带大的。周某从技校毕业后，就来到二台子村打工，并在旧货市场开了一家电器维修店，周某不仅爱钻研，还对电器维修技术非常精通，因此这家维修店的生意很红火。当攒了一些钱后，周某就又开了一家小型机电维修厂。

后来，周某认识了同村的闫某，两人很快就结婚了。在 2008 年前后，周某的住宅和工厂被动迁，一次性获得了不少赔偿。从那以后，周某一家就搬到岳父闫某某家居住，他想要借用岳父家门前的几亩地，建立一个规模更大的机电维修厂。

这一次周某失败了，他将所有积蓄都花在了机电维修厂上，还向岳父借了 10 多万元，但还是不够，于是周某就向岳父家族的一些亲戚借钱。这让闫某某十分不满，便开始向亲戚们放出风声，不要再借钱给周某，不然就会血本无归。这让周某十分生气，他觉得岳父看不起他。在案发的几天前，周某再次厚着脸皮朝岳父借钱，但却遭到了拒绝，周某十分怨恨岳父，于是就产生了杀人的想法。

那么，周某为什么要杀死自己的妻子呢？原来他怀疑闫某有外遇。闫某很喜欢上网，而且和网友还保持着暧昧的关系，这让周某十分不满。

在案发当天上午，周某杀死 10 个人后，就给岳父打电话，让岳父和妻弟来店里一趟。闫某某由于很讨厌这个女婿，就没同意。幸好他没去，不然也会被周某杀死。

之后，周某便开着自家的面包车逃走了，还顺便带走了作案工具——一把锤子。在逃跑的过程中，周某还特意将车辆牌照卸了下来并扔掉。在路过一家小店时，周某还买了些吃的和一身新衣服。

到了 4 月 15 日下午，周某将车开到一个偏僻的地方，然后换下了带血的衣服和鞋子，并将这些东西烧掉。此时的周某已经很长时间没休息了，他觉得很累，于是就在附近找了一家网吧，准备到灯光昏暗的网吧里休息一会儿。结果，周某被巡查的警察发现并抓获了。

周某落网后，就被送去接受精神病司法鉴定。因为周某的行为不仅让人难以理解，而且他的家族还有精神病史。周某的外婆和母亲都患有精神病，而且周某的父母还是近亲结婚。

精神病司法鉴定专家在与周某聊天时发现，他是个条理十分清晰的人。再加上周某在作案时，曾抽了 4 包烟，杀害 3 个最亲的亲人时中间间隔了很长时间，这说明他在犹豫，并不是受到精神病的支配。最关键的是在作案后周某不仅逃跑了，还有杀死岳父的意图。因此最终的鉴定结果是，周某没有任何精神方面的疾病，他具有完全刑事责任能力。

一个人如果想要利用精神病逃脱法律的制裁，那么他就必须要过精神病司法鉴定这一关。不过一个正常人往往很难伪装成精神病人，更不容易骗过鉴定专家。一个人到底是真疯还是装疯，鉴定专家只需要通过对其进行提问和对其睡眠、饮食、待人接物等行为进行观察后，就能做出准确的判断。

病人罪犯处置——从监狱到精神病院

　　王某是一个60多岁的国企退休工人，居住在一座老式的红砖墙家属院里。在许多人看来，像王某这样的退休工人的生活应该是很悠闲的，但事实上王某却生活得非常辛苦，因为他26岁的儿子欣欣是个精神病患者。

　　有一天，欣欣在楼下玩耍时，突然恶狠狠地踩死了一只流浪猫。路人看到后十分害怕，就报了警。虽然警察并未拘留欣欣，但王某却开始对欣欣严加看管，防止欣欣再惹出什么事端来。有一次，王某没看住欣欣，欣欣在楼下拿起一块砖头砸向了清洁工。事后，王某为了息事宁人，不仅给清洁工看病，还说尽了好话，清洁工才没有报警。

　　从此以后，王某便开始关心有关精神病患者伤人的事件。有一次，他看到了一则有关精神病患者伤人的新闻，那个男子名叫李某。李某在家人和邻居的眼中，就是个彻头彻尾的疯子，他不仅不劳作，还很容易暴怒，甚至还经常扬言要杀人。有一次，李某扬言要杀死弟弟。他的家人很担心他会做出这样残忍的事情来，于是他的父亲和弟弟就用绳子将李某勒死了。看到这则新闻后，王某很担心自己的儿子会像李某一样。为了防止欣欣出现伤人甚至是杀人的行为，王某决定将欣欣关在家里，不让他出门。

　　王某这么做有他的理由：一方面是因为欣欣很害怕和外界接触，不喜欢和人交流；另一方面是王某最担心的问题，欣欣有暴力倾向。欣欣总会无缘无故地捡起硬物砸人或砸人家的窗户，周围邻居都害怕见到欣欣。

但是这个办法却限制了欣欣的自由。当欣欣想下楼去晒太阳时，王某或妻子就会拦住不让欣欣下楼。欣欣为此很生气，就顺手拿起什么东西砸人。后来，王某就只能将欣欣的房门换成了朝外反锁的铁门，甚至连窗户也加固起来。每当欣欣出现情绪反常的时候，王某就会将欣欣反锁在他自己的房间里。欣欣为此很生气，总会砸墙或摔东西。有一次半夜，欣欣想要出去，结果发现房门被锁住了，怎么也打不开，于是就在房间里骂人。王某和妻子在隔壁虽然听见了，也不知道该怎么办，只能等欣欣骂累了。欣欣一直闹到天快亮才去睡觉。

王某也曾想让欣欣住院接受治疗，但当他得知住院的治疗费用每月将近 4000 元后，就放弃了这种想法。他和妻子的退休金加起来每个月还不到 6000 元，而且双方的父母还在，如果让欣欣住院，钱就不够用了。

从欣欣小时候起，王某就觉察到欣欣似乎有些不正常，总觉得欣欣无法控制自己的情绪，说话根本不经大脑。但那个时候工作很忙的王某根本没有重视起来，觉得这不是什么大问题。欣欣在学校的学习成绩很差，没有朋友，也不和同学老师说话。回到家后，欣欣就会无缘无故地冲着王某夫妇发火，有时候还会动手砸东西。后来，欣欣的情况变得越来越严重，走路的时候会自言自语，回家面对着墙也会自言自语，还常常搬起椅子砸墙。

后来等欣欣上高中被退学后，王某才意识到问题的严重性，他认为欣欣的精神上可能存在比较严重的问题。于是王某和妻子带着欣欣去精神病医院检查，最终欣欣被诊断患有精神分裂症，而且还有严重的被迫害妄想倾向。

像欣欣这样的精神病人有许多，基本上都无法接受专业的治疗。在没犯法之前，精神病人的家人通常会将他关起来，防止他惹事。但当精神病人触犯了法律，就会被强制送到精神病院，而不是监狱。

监狱有许多限制存在，罪犯们必须服从狱警的安排，但很显然精神病人无法配合狱警的安排。而且，精神病人想要在监狱里得到精神病治疗是不可能的，只有精神病院才能对他们进行有效的治疗。

将精神病人关进监狱，对于精神病人和社会安定来说都不是好事。如果一个精神病人刑满释放后，他重归社会，不仅不会有良好的适应能力，反而会比进监狱之前更加具有攻击性，可能会给周围的人带来伤害。

对于精神病，大众有一个最大的误会，即精神病就是精神上的癌症，是不可能被治愈的。实际上，大多数精神病患者是有治愈的希望的。但前提条件是精神病患者要接受专业、正确、及时的治疗，从而才能恢复正常，并回归到正常生活中。就算是一个人患有严重的精神分裂症，也有可能恢复正常。当然，家庭和社会的支持也是很重要的。据研究，一个精神病患者如果能得到专业的治疗、家庭和社会的支持，会恢复得更快、更好。有时候，精神病人在触犯了法律后虽然并未被送进监狱，但也没被送到精神病院接受治疗。

陈某是个精神病患者，在她没发病之前，和正常人基本上一样。2005年，陈某与高某相识并结婚。婚后，陈某生下了一个儿子和一个女儿。在2013年，陈某和丈夫因为儿子读书的问题搬家了。

2013年12月27日的凌晨，陈某突然起床去上厕所。上完厕所后，陈某在准备上床继续睡觉时，突然注意到了自家屋子里放着的擀面杖。陈某看了看擀面杖，又看了看床上熟睡中的丈夫，突然产生一种十分强烈的打人的冲动。于是，陈某就拿起了擀面杖，并朝着熟睡中丈夫的鼻子击打了一下。高某立刻被惊醒了，他的鼻子流了许多血，陈某立刻用水帮高某止血。

止血后，高某就蹲在地上。陈某看到后，又拿起了擀面杖，然后开始击打高某的面部和头部。高某完全没想到妻子居然还会再次攻击他，直接被打晕了。由于陈某所击打的部位都是高某的头部，因此没多长时间高某就被打死了。

天亮后，陈某像什么事情都没发生一样将儿子送到了亲戚家，然后一个人在街道上闲逛。晚上 7 点左右，高某的妹妹将陈某的儿子送回家。等她打开门后，却看到哥哥倒在了血泊中，于是立刻报了警。

2013 年 12 月 28 日晚上 6 点多，陈某在哥哥的劝导下去警察局投案自首。在随后的案件审理中，由于陈某被司法鉴定患有脑质性精神障碍，并且在案发时是受到精神病症状的影响，从而失去了辨认和控制自己行为的能力，不具备刑事责任能力。随后，警察局就通知陈某的家人，让他们带走了陈某。

像陈某这样的情况，最好的办法还是接受精神病院的专业治疗。虽然陈某有家人的照顾，但她的家人难免会觉得恐惧，毕竟陈某杀死过她的丈夫。因此家人对陈某的照顾通常会是将她关起来，这样反而会导致陈某病情的加重。

对于精神病患者来说，有时候专业的治疗也不是最重要的，重要的还是对待他们的态度。毕竟有的精神病院并没有想象中的那么专业。例如美国心理学家大卫·罗森汉恩在 1973 年做的一项与精神病院有关的实验。

在罗森汉恩的安排下，8 个正常人伪装成精神病患者并住进了精神病院里。在这里不少人都感觉，医生和护士根本不尊重精神病患者，有的护士甚至会在精神病患者面前解开衣服来调整自己的内衣。这名护士这么做当然不是为了引诱精神病患者，她只是没把精神病患者当人看。

总之，精神病患者如果能得到人性化的对待，将会渐渐恢复正常。这一点，一个名叫菲利普·皮内尔的医生早已经证明了。在 1793 年，皮内尔开始负责巴黎的一家收容所。这个收容所很特殊，主要关押了精神病患者。皮内尔采取了完全不同的态度，他不仅尊重这些精神病患者，还经常鼓励他们。渐渐地，许多精神病患者不再像以前那么具有攻击性，有的甚至完全恢复了正常。

Criminal Psychology

第八章

罪与罚——

犯罪的刑责与预防

正义与非正义——刑罚的目的

2006 年 7 月 15 日晚上 10 点左右，陕西省汉阴县凤凰山下的许多村民看到山顶附近发生了大火。原来是铁瓦殿道观着火了。当 6 名护林员将山上的大火扑灭后，发现铁瓦殿道观里有许多尸体，到处都是血迹，两间房屋已经被大火烧塌。

当地平梁镇的警方接到报案后，立刻赶到了铁瓦殿道观，并开始搜寻尸体。警方一共找到了 10 具尸体，分别死在不同的房间里，其中 6 个人是道观人员，剩下的 4 个人是香客。

在这 10 名被害者中，9 个人的尸体上只有致命伤，尸体完整。但另一个人的尸体却惨不忍睹，这个人是道观住持熊某，他的心脏被盛放在一个盘子里，而且还被炒熟了，凶手应该是将熊某的心脏剖了出来。这个盘子里还有熊某的一个眼珠。熊某的脸部血肉模糊，应该被凶手砍了五六刀。此外，熊某的胸脯和脚上还分别被挖掉了 3 块肉，并被扔在两个房间里。

所有尸体上都盖着道观里的红布，其中有 7 具尸体是裸体。道观的供桌旁还有一只死鸡，应该是凶手祭祀用的。警方虽然没有在道观内发现作案工具，但却看到了凶手在墙上留下的字迹，上面写着"该杀"等充满了仇恨的字眼。凶手在离开案发现场前，并没有将香客身上的现金、手机以及道观的功德箱内的钱拿走，因此可以确定这并不是一起抢劫杀人案。那么，到底是谁犯下了如此凶残的命案呢？根据尸检结果，命案的发生时间应该是 7 月 14

日的夜晚，于是警方就开始向社会群众征集线索。

一个名叫廖某的人向警方提供了一条关键线索，这个人是铁瓦殿民主管理委员会出纳员和治安员。廖某告诉警方，7月14日这天正好是庙会，所以管委会的7名成员全都来到了铁瓦殿。在下午5点半左右，廖某离开了铁瓦殿，准备下山。在晚上7点左右，廖某在一条狭窄的山径上见到了一名男子，这名男子叫邱兴华，曾是铁瓦殿道观的香客，廖某与他见过一面。据廖某回忆，那天的邱兴华显得很不正常，廖某和他打招呼他也不理，而且身上还背着一个黑包，手里牵着一只花皮小狗。

还有人向警方反映，在案发前他曾看到邱兴华随身携带着一件宽大的毛线外套，由于天气炎热，于是他就问邱兴华："你带着毛衣干吗？"邱兴华回答说："毛衣多好啊，能穿能睡。"警方认为，邱兴华在当时已经做好了杀人逃亡的准备。

在接下来的搜捕工作中，警方发现了许多邱兴华丢下的东西，例如毛衣、一把扳手、从道观里带出来的白糖、一本经书、被害者手上的一枚戒指、两包没有拆开的香烟。

当警方追踪到邱兴华的外甥家时，邱兴华早就没了踪影，他的外甥告诉警方，早在4个小时前邱兴华就已经离开了，他说要到汉江对岸山上的一个朋友家去。警方离开赶往汉江对岸，但却被邱兴华发现了踪迹，邱兴华匆匆收拾好东西与朋友告别了，并继续逃亡。这样一来，有关邱兴华的线索便中断了。为了尽快抓捕邱兴华，警察局发出了A级通缉令，并悬赏5万元缉拿邱兴华。

7月30日，消失了的邱兴华突然在湖北省随州市现身，并在武安铁路工地的一个临时工棚里伤人抢劫，受害者是一名工人，他的黑色背包被邱兴华抢走，身体还被邱兴华给划伤了。

7月31日，随州市曾都区的万福店农场魏岗村发生了一起抢劫伤人事件，3个人被歹徒砍伤了，还被抢走了1302元现金。其中受害者魏某凯因为伤重抢救无效死亡。剩下的两名受害者徐某秀和魏某梅虽然侥幸保住了性命，但伤势十分严重。

徐某秀是魏某凯的妻子，魏某梅是魏某凯的女儿。她们对警方说，砍人抢劫的人是邱兴华，他在来到魏岗村后就曾诱惑魏某凯，说要帮魏某凯做生意，从而取得了魏某凯的信任，并留邱兴华在家里住宿。在案发的当天晚上，魏某凯及其家人在吃完晚饭后就准备去睡觉。后来，邱兴华就趁着他们休息时，突然用斧头和弯刀向这3人的头部砍去。

8月2日，警方接到了安康市石泉县后柳镇的一名妇女的报警电话，她说自己在山上打猪草时遇到了邱兴华，当时邱兴华还朝她讨要东西吃。随后，当地警察局就派出了300多名警察封锁了该地区，但并未找到邱兴华的踪影。

8月5日，凤凰山北边的五爱村有两个漆匠发现了邱兴华的踪迹。这两名漆匠在距离五爱村6公里外搭建了一个临时工棚，他们吃住都在这里。在昨天晚上，两名漆匠在山下过夜。等第二天早上来到山上的工棚时，却发现有人在工棚里做饭了，锅里的饭还热着，桌子的碗中还有一些没吃完的饭。两名漆匠怀疑是邱兴华刚来过，于是就匆匆下山去报警。很快，数百名警察来到了这里，但依旧没有抓住邱兴华。

为了将狡猾的邱兴华抓住，当地警方将赏金提升到10万元，还专门去做邱兴华妻子和儿女的工作，希望他们能劝邱兴华自首。此外，警方还在邱兴华的家里布置了一些警察，准备来个守株待兔。

8月19日晚上8点多，邱兴华出现在家中，当他敲自家的房门时，突然出现了4名警察。看到警察后，邱兴华很意外，他的家人情绪显得非常激动，阻止警察抓捕邱兴华。在混乱中，邱兴华向家人大喊道："快给我拿一把菜刀！快把菜刀给我！"所幸，邱兴华的家人并没递给他菜刀，邱兴华很快就被警察给控制住了。被抓住的邱兴华似乎很不甘心，死死地咬住一名警察的胳膊不放。

在被警察带走之前，邱兴华还对自己的 3 个子女说，要他们学习自己好的一面，不要做违法乱纪的事情。

邱兴华早在行凶杀人之前，就曾因为盗窃罪被拘留过 3 次。邱兴华的原籍是石泉县后柳镇一心村，他在 1999 年的冬天带着家人搬离了从小生活的村子。因为邱兴华实在待不下去了，他不仅是村里的超生户，还欠下了许多债务。在一心村，邱兴华的名声很不好，他不仅欠钱不还，还经常在给人修理机器时故意人为地制造一些问题。

来到一个新的地方后，家里的经济条件依旧没有得到改善。从 2006 年起，邱兴华的家庭条件变得更加困难起来，家里几乎没有什么收入，甚至连粮食也买不起了。5 月份的一天，当邱兴华夫妇在石泉县城逛街的时候，突然被一个头发和胡子都花白的老头叫住了，他对邱兴华说："你看着有心事，要不我给你算一算吧？你只要去凤凰山上找到两块刻着邱姓祖先的石碑，然后多烧些香火，就能时来运转。"

于是，邱兴华夫妇就按照老头所说的来到凤凰山寻找石碑，结果他果然找到了两块刻着姓邱人名的石碑，而且就放在铁瓦殿的山顶露天处，还被用作踏板，邱兴华就把这两块石碑移到了墙边。道观的管理人员宋某看到后，便制止邱兴华的这种行为。邱兴华当然不高兴，双方就起了争执。后来，道观住持熊某也加入了这场争吵中，邱兴华觉得熊某有调戏他妻子的行为，于是就产生了杀人毁观的念头。

在 7 月 14 日的晚上，邱兴华带着斧头和弯刀偷偷溜到铁瓦殿的道观内，趁着管理人员和香客熟睡之时，杀死了他们。作案后，邱兴华就放了一把火，然后逃走了，直到 8 月 19 日被捕。

在一审判决中，邱兴华被判处了死刑。10 月 31 日，邱兴华递交了上诉状，据他的妻子反映，邱兴华有精神病史。在二审开庭时，邱兴华的辩护律师提出要为邱兴华进行精神病司法鉴定，但并未被法庭所采纳。12 月 28 日，该案件继续进行审理，审判的结果依旧是维持邱兴华死刑。

邱兴华在听到死刑的宣判后，并未表现出颓丧的情绪，当审判长叫邱兴华的名字时，邱兴华还响亮地回答："到！"于是审判长便问道："是否听清楚了审判结果？"邱兴华回答："听清楚了。"

随后，邱兴华就被法警押解着送上刑车。刑车旁等候着许多记者，记者们看到邱兴华出来后，都想采访一下邱兴华。其中一名记者突然大声问道："邱兴华，你后悔吗？"邱兴华笑着说道："不后悔！"

这天的 9 点 57 分，邱兴华在安康江北河岸边采沙厂被执行了死刑。

在西安市的司法精神病学专家看来，这起案件最大的遗憾就是没为邱兴华进行司法鉴定。即使邱兴华在接受司法鉴定后被认为患有精神病，也未必不能判死刑。接受精神病鉴定属于被告人的权利，如果被告人的权利得不到维护，那么将会有损于司法的权威性。

虽然这起案件存在一定的争议，但邱兴华也算是罪有应得，毕竟他的身上背负了多条人命。法律不仅可以帮助我们维护社会治安，还具有维护公平正义的作用。当一个人做出违法行为时，他理应为自己的所作所为付出代价，这也是刑罚的目的。如果一个人的恶行没有受到应有的惩罚，那么我们就会怀疑司法的公正性，而追求公平则是我们的本能之一。例如我们的近亲黑猩猩也具有追求公平的本能。在一项实验中，实验者会为两只关在两个笼子里的黑猩猩提供食物。如果实验者只给其中一只黑猩猩提供香蕉，给另一只黑猩猩提供黄瓜，那么得到黄瓜的黑猩猩就会愤怒地将黄瓜扔给实验者。这是因为对黑猩猩来说，黄瓜远没有香蕉美味，而实验者的这种做法显然是不公平的。

对人身自由的剥夺——监禁

2015 年 9 月 14 日下午 4 点左右，广州市的警方接到群众报警，有人在流花湖公园里发现了一具女尸。经调查，死者为广州医科大学失联的女生赵某，21 岁。在 9 月 12 日的晚上，微信朋友圈开始流传一则焦急的寻人信息，而失踪者就是赵某。原来，赵某在当天下午离开学校后就去了流花湖公园，然后就失联了，她的亲朋好友怎么也找不到她。

为了尽快破案，警方立刻成立了专案组，开始调取数百个监控录像反复查看，尽量找出被害者在失踪时曾遇到过什么可疑人员。很快，一个外号叫"阿狗"的人走进了警方的视线，警方在一家网吧抓住了阿狗。但在审讯过程中，阿狗的态度十分强硬，不仅不交代真实身份，还拒绝供述犯罪事实。于是警方就只能通过调查走访、法医检验等方式来确定阿狗的真实身份，并查清了阿狗的犯罪过程。

阿狗的真实姓名是郑某，28 岁，江西人。在 2011 年，郑某就因为强奸罪而被判刑，直到 2015 年 3 月才获得了自由。郑某所犯下的强奸案中，有一起案件性质十分恶劣，他曾在 2009 年的 10 月份对一名孕妇实施了强奸。

在 9 月 12 日的晚上 7 点左右，郑某在流花湖公园的一个水池旁看到了独自一人的赵某，遂生出邪念，于是就用手勒住赵某的颈部，将赵某拖到草丛中实施强奸。赵某的激烈反抗让郑某绑住她的双手，还用衣物塞住赵某的嘴巴。在被强奸的过程中，赵某死了。之后，郑某就将赵某的尸体用重物沉到了水池中。

这并不是郑某出狱后犯下的第一起强奸案，他在出狱后的第 16 天就开始实施强奸。接下来，等待郑某的将是又一次审判。

在庭审过程中，郑某对于起诉书中所指控的大部分事实并未提出异议。但他却坚称自己没有杀人，他在遇到被害人赵某的时候，赵某就已经死亡了，他的行为只能算得上是侮辱尸体。不论怎样，等待他的都将是法律的严惩，例如长期的监禁，甚至是付出生命的代价。

当一个人触犯了法律后，会得到应有的惩罚。在惩罚方式中，监禁是最常见的一种，即将罪犯关进监狱接受改造。被关进监狱的罪犯没有自由可言，活动的范围也十分有限。对于大多数的罪犯来说，监狱的生活都是难以适应的，会给罪犯的身体或心理带来一定的伤害。

在刑罚中，监禁的目的是为了惩罚，并且希望罪犯在监禁过程中能接受教育和改造，从而在走出监狱后能融入正常的社会生活中去，不再出现违法犯罪的行为。但事与愿违的是，许多罪犯在走出监狱后常常会再次犯案。

2015 年 5 月 18 日晚上 11 点左右，苏州市埇桥区的警察局接到了一通报警电话，打电话的人是曹村镇村民吴某，她告诉警方自己的妹妹被人强奸了。警方立刻赶到案发现场了解情况。

受害者的丈夫和儿子常年在外打工，只有到逢年过节的时候才会回家。于是一年中的大部分时间只有受害者一人在家。在案发当晚，受害人去看望了一下母亲，然后在晚上 10 点左右时独自一人骑着电动车回家。

回到家后，受害者像往常一样打开了自家院子的大门，然后准备将电动车推到院内。这时，受害者突然听到了一声响动，声音是从厨房传来的。于是受害者就去厨房查看情况，结果在厨房里发现了同村的一名男子亢某。

受害者被亢某吓了一跳，随后质问道："你怎么会在我家？你到底想干什么？"亢某什么也没说，直接向受害者走去，这时受害者才发现亢某喝醉了。受害者开始有些害怕，于是就打算离开。但没走两步，肩膀就被亢某抓住了，衣服也被撕扯开。之后，亢某就对受害者实施了强奸。在整个过程中，受害者一直在激烈地反抗，但根本不是亢某的对手。

很快，警察就在报案人吴某的带领下来到了亢某的住所，并将亢某抓住。在审讯过程中，亢某对自己所犯下的罪行供认不讳，还说一早就对受害者有不良企图。在案发的当晚，亢某喝了不少酒，向酒借胆的亢某就翻墙进入了受害者的家中，并等待受害者的到来。

警方在进一步侦查中发现，亢某曾因强奸罪被判处有期徒刑 7 年。这 7 年的监禁生活并没有让亢某改过自新，于是他在获得自由后再次犯案。

那么，一个罪犯为什么会在重获自由后再次犯案呢？这与监禁的生活经历是分不开的。监狱里的生活对一个人来说是十分难以忍受的，完全没有自由可言，就连吃饭和睡觉等一些基本生活行为都不能由自己做主。而且不少监狱里还会出现囚犯被虐待的现象。一个罪犯既有可能会被其他身强体壮的罪犯虐待，也有可能会被狱警虐待。

著名心理学家菲利普·津巴多曾在 1971 年设计了一项实验，这项实验被称为斯坦福监狱实验。津巴多招来了一些身心健康的大学生，然后让他们进入一个模拟的监狱环境里，并将他们分成两组，其中一组学生扮演狱警，另一组学生扮演犯人。在实验开始后不久，就出现了让人震惊的场景。

狱警们为了镇压犯人，会通过各种方式来虐待犯人，尽管他们知道这些犯人是假装的，并不是真正的犯罪分子。虐待的方式可谓是花样百出：脱光犯人的衣服、将犯人关数个小时的禁闭、没收犯人的枕头和被褥、取消犯人吃饭的权利、强迫犯人用手清洗马桶等。有时候狱警们还会刻意进行一些无意义的活动，例如剥夺犯人的睡眠，目的就是为了羞辱犯人，这无异于精神折磨。

　　在两天不到的时间里，就有不少犯人因为忍受不了这种折磨而濒临崩溃。有的犯人还会因为极大的精神压力而出现哭泣、咒骂等各种歇斯底里的症状。有的犯人还会提出提前结束实验的要求，希望津巴多能还他自由。

　　在真实的监狱中，犯人们除了可能会受到狱警的虐待外，还有可能遭受其他犯人的暴力和强奸。在美国，警察为了迫使罪犯主动交代犯罪事实，会故意将一名罪犯和强奸犯、杀人犯关在一起。一名罪犯在条件恶劣的监狱中，他的精神状态往往会受到重创。

　　奥地利有一个连环杀手，名叫杰克·乌特维格。乌特维格曾因杀害了一名18岁少女而被判入狱。当时奥地利开始针对惩教体系进行改革。奥地利的司法部长和许多知识分子都认为，教育可以改变一切，即使是最暴力的罪犯在被教育后，也可以重新融入社会中。

　　乌特维格利用这个机会开始学习知识，努力提高自己的文化水平和写作能力。他开始创作诗歌和戏剧，还经常给奥地利电台写儿童故事。这些儿童故事受到了许多人的喜爱，人们开始觉得乌特维格已经改过自新了，他已经从杀人犯变成了一个内心善良的人。乌特维格的口才还很不错，他在表达时，不仅条理清晰，而且个性鲜明。维也纳的文坛也开始追捧乌特维格这个文坛新秀，认为乌特维格可以很好地证明文学具有改造人且使人向善的理论。公众也开始注意到乌特维格，并渐渐忽视了他曾杀过人的事实。但谁也没想到的是，乌特维格不仅没有改变，而且变本加厉，开始残害更多的女人。

　　在警方追捕乌特维格的过程中，乌特维格曾对自己的女友说，警方诬陷他是连环杀人犯，要抓捕他。说完，乌特维格伤心地哭了起来。后来，乌特维格对女友说，如果他被捕了，他宁愿自杀，也不愿再坐牢。最终，乌特维格真的在监狱中自杀了。

自杀的行为常常在监狱中发生。但对于犯人自杀行为的原因，存在着很大的争议。有些犯人是为了逃避监狱内的痛苦生活而选择自杀的，但这种自杀行为并不具有普遍性。据研究，犯人们通常在面对以下两种状况的时候会产生自杀的想法：第一种情况是在等待审判结果的过程中；第二种情况是刚被关进监狱的几个月内。

性暴力也是监狱中的普遍现象，不过主要以男子监狱为主。如果一个罪犯的体格较为瘦弱，那么他就极有可能会在监狱内遭受强奸。此外，如果一个罪犯因猥亵儿童而入狱，那么他被强奸的可能性也会很大。

一些经常遭受强奸的罪犯为了抵制被强奸，通常会有两条出路：一个是自杀，另一个则是寻找一个保护者。保护者都是身强体壮的罪犯，但这种保护并不是免费的，被保护者必须成为保护者的奴隶，为保护者提供性服务、打扫房间等。有的时候，被保护者还会被胁迫和其他罪犯发生性关系，从而为保护者赚些外快，例如香烟。

那么，性暴力的现象为什么在监狱中如此普遍呢？在男子监狱中，男人强奸男人并不是为了获得性满足，也不是同性恋行为，只是一种表现自己强大的方式，即用强奸的方式来征服和侮辱其他犯人。

对于被强奸的罪犯来说，他们会和所有被强奸的普通男人一样，会觉得自己丧失了身为男性的尊严。而这正是实施强奸的罪犯想要达到的效果。

一个罪犯如果在监狱里经常遭受暴力和强奸，那么他的心理会变得更加扭曲。当他重获自由后，不仅不会努力融入社会中，反而会有一种报复社会的心理，会更容易犯下强奸案。

对于监狱内的犯人们来说，自由是他们最为渴望的东西。正因如此，不少犯人在初入监狱时才会觉得难以适应，并出现许多心理问题。但如果一个犯人被关押了很多年，他就会出现一种离不开监狱的心理，甚至会对监狱产生依赖。这就好像电影《肖申克的救赎》中的老布一样，对自由充满了渴望，一朝获得自由后，反而会不知所措。

老布名叫布鲁克斯·海特伦，是肖申克监狱里年纪最大的囚犯，主要负责管理监狱里的图书馆。他服刑 50 年后，终于获得假释，可以出狱。但早已经习惯监狱生活的老布根本无法适应外面的社会。最终，老布选择了自杀。

老布的这种情况在真实的监狱中也十分常见。一些犯人因为服刑时间较长，等到出狱的时候已经是垂暮之年，不仅难以适应社会，而且还被亲朋好友所抛弃。当这些老年犯人出狱后，更容易出现心理问题，而且自杀率也很高。

孙某是河南省漯河人，被关在河南省第三监狱，他在 86 岁时刑满释放，但他却像《肖申克的救赎》中的老布一样，根本不愿意出狱，因为他早就已经被监狱和时间体制化了。

孙某生于 1923 年，在新中国成立前曾是国民党青年军的排长。在新中国成立后，孙某成了一名工人。1954 年，孙某因为偷窃罪被判刑 1 年。和所有被关进监狱中的犯人一样，孙某很不适应，十分抗拒接受改造，于是就被加了 2 年刑期。

刑满释放后，孙某的第一反应就是回家。但没多久，他再次因为盗窃罪被捕。这一次他从监狱出来后，就找不到老婆孩子了，于是只能投奔自己的堂妹，帮堂妹卖猪肉。但后来，孙某和堂妹发生了争吵，就被赶走了。

由于找不到营生的工作，孙某就渐渐和监狱里认识的朋友走到了一起，于是他们就商量着怎么偷东西。孙某每次偷东西都会被抓。1988 年，孙某偷了一包百货用品被抓了，因为正值"严打"期间，孙某被判了 8 年有期徒刑。

出狱后，孙某在漯河的一个农村找了一份工作，他给人看瓜田，对方管他吃住。一天，孙某在瓜棚里强奸了一个未成年少女。这件事情在村里闹出了很大的风波，村民们对孙某的行为非常愤怒，于是就将他送到了派出所。

由于犯下的罪行比较严重，孙某被判了 17 年，此时他已经 73 岁了。

孙某被送到了河南省第三监狱。在这里，孙某表现得不错，他会严格按照要求去做，例如打扫厕所或照顾病号。

因为年纪较大，孙某和许多老年犯人一样都受到了监狱的额外照顾，不仅不用出操、到厂房做工，还有不少娱乐活动，例如看电视戏曲节目。每逢节假日，监狱里还会专门组织戏迷乐园。参加这些活动时，孙某就会和其他老年犯人一样早早地搬出小板凳，占个前排的位置。

当然，老年犯人也需要接受改造和教育。他们会被安排阅读有关学习材料。有时候，狱警也会给老年犯人安排任务，例如记诵监狱规章。孙某的记性不错，每次都能当着狱友背诵出监狱规章，这让狱友们羡慕不已，而孙某也因此得到了狱友们的尊重。

在出狱的半年前，孙某就收到了减刑裁定书，当时他十分不情愿，还发了火。2009 年 10 月 24 日，这天是孙某出狱的日子。按照规定，孙某得在释放证上按下红色手印，还得换下囚衣。对这个过程，孙某十分抗拒，他用双手拽住袖口，阻止狱警为他换衣服，还哭闹着不要出狱。

孙某出狱后被送到了养老院，因为他没有亲人可以投靠。在孙某的卷宗里，只有一个亲属的笔录，这个人是他的堂妹，她在笔录里只留下了一句话："你们枪毙他算了，其他的也没啥可说的了。"

这种现象在第三监狱里十分常见。有许多老年犯人在出狱后，即使回家有子女照顾，也会想回监狱。有的老年犯人还会天天守在监狱大门前，哭着喊着要求回到监狱。有一次，第三监狱受到乌鲁木齐越狱事件的影响，加固围墙的时候，有些老年犯人看到后十分奇怪："为什么会有人越狱？"

在监狱中有一个比较特殊的现象，即能尽快适应监狱生活的人是被判无

期徒刑的人。一个人被判的刑期越短，那么他对监狱的适应能力就越低。对
于无期徒刑的犯人来说，监狱就是他们的家，他们会尽快地融入监狱的生活
中去，会主动处理好与狱友、狱警的关系，还十分重视个人卫生，对监狱里
举行的活动也十分积极。

杀人偿命的因果——死刑存与废

1995 年 10 月 13 日，河北广平县的警察局接到了群众报案，有人在南寺朗固村东头的一口枯井里发现了女尸。死者全身赤裸，尸体已经肿胀腐臭。经过勘察后，警方初步认为死者是在遭受了强奸后被掐死，然后扔到了枯井中。于是，警方就开始在村里进行逐家排查，希望能发现线索。

村民们向警方提供了一个有重大作案嫌疑的人，他名叫王书金，已经不见了，而且他在 14 岁的时候，因为强奸了一个 8 岁的女孩被判进了少管所，在少管所待了 3 年。出来后，王书金便在村里的窑厂打工。王书金虽然没啥文化，但力气却不小。警方在寻找王书金的时候一直没有线索，于是这起案件便被搁置起来，而负责这起案件的一名警察郑成月却记住了王书金这个人。

2005 年 1 月 18 日的凌晨 1 点多，郑成月在值班的时候接到了一个电话，打电话的是个来自河南荥阳的女警察。她说，在荥阳的一个窑厂里发现了一个可疑男子。该男子自称名叫王勇军，没有身份证。

王勇军在窑厂工作了五六年，平时沉默寡言，不喜欢与人交流。在窑厂里，没有人知道王勇军的真实身份，甚至连他的名字大家也不知道。工人们只知道他是河北人，姓王，就给他起了一个"大王"的外号。

大王和妻子以及两个孩子就住在窑厂的一处工棚里，逢年过节也不回老家。最让警察觉得奇怪的是，平时每当警察去清查暂住人口的时候，大王就会躲起来。有好几次，警察都看见大王钻到玉米地或庄稼地里躲避清查。

在 2005 年 1 月 17 日的晚上 10 点多,警察特意去大王的住所进行调查。当警察提出要看大王的暂住证和身份证时,大王说没有。于是大王就被警察带到了警察局。在警察局,大王自称是河北省邯郸市肥乡县人,名叫王勇军。但当警察上网查他的身份时,却根本查不到这个人。于是,警察就只好与邯郸市肥乡县的警方联系。但经过核实后,王勇军根本不是肥乡县人。后来,大王就又说了十多个名字和住址,但没有一个能对上号。

为了能尽快确定大王的真实身份,警方便对大王展开了长时间的审问。在 1 月 18 日的凌晨,大王终于说出了自己的真实身份。大王真名叫王书金,38 岁,河北省邯郸市广平县人。于是,电话就打到了郑成月那里。

郑成月一听就想到了曾经犯下命案的王书金,于是就在电话中描述王书金的外貌:“他的右眼眶有一条弧形的疤,身高 1.7 米,皮肤较黑。当年杀人时是 28 岁,现在应该是 38 岁。平时留短发。”郑成员一说完,就听到电话那边响起了一个声音:“别说了,那就是我。”说话的是王书金。在之后的审讯中,王书金交代了自己犯下的一共 6 起案件,其中 4 起是强奸杀人案,2 起是强奸案。之后,王书金就被河北省邯郸市广平县的警方带走了。

几天之后,当警方核查王书金所交代的 6 起案件时,发现了一起奇怪的案件。这是一起强奸杀人案,发生在 1994 年的夏天,石家庄西郊的一名妇女被强奸并杀害。这起案件的奇怪之处就在于已经告破了,而且凶手已经被执行了死刑。凶手的名字叫聂树斌。

在案发的时候,王书金正好在附近的一个工厂打工。据王书金的交代,他在工厂工作的时候,经常看到被害者从玉米地的中间路过,于是就起了邪念。一天,王书金趁着工友们午休的时候,偷偷地溜出了工厂,并在玉米地附近等被害者出现。被害者骑着车出现了,王书金瞅准机会将被害者从自行车上拽了下来。随后,王书金用手掐住被害者的脖子,等被害者晕过去后,他就将被害者拖到了玉米地里。不过王书金很快就回来了，他得把被害者的自行车给弄走。等王书金忙完这一切后再次回到被害者身边，这时被害者已经清醒了，于是王书金继续用手掐住被害者的脖子，等被害者不挣扎了，王书金才松开手，然后将被害者的裙子撩开，开始实施强奸。

不过关于王书金所供述的到底是否真实，警方持怀疑的态度。因为这起强奸杀人案在当时当地引起了不小的轰动，许多人都知道该案件的一些细节，而王书金当时在案发地附近打工，因此知道一些案件情节也不足为奇。

1994 年 8 月 8 日的早上，这天是星期一，石家庄市液压件厂的女工发现康某（被害者）没来上班，于是就起了疑心。康某是技术科的一名绘图员，工作踏实认真，人缘也不错。如果康某有事不能来上班，应该会打个招呼。原来，康某失踪了，她的家人已经去派出所报案了。

康某和丈夫在工厂附近的孔寨村租了一间民房。她每天下班后都会穿过一片玉米地回家。于是，液压件厂领导就组织了一批职工去玉米地里找康某。

结果在天快黑的时候，有几个人在路西的一个机井旁边发现了一堆被卷起来的衣服。经康某家人辨认，这正是康某穿的裙子。于是，人们便纷纷猜测康某极有可能遭遇了不测。

第二天早上，工人们再次到玉米地寻找康某的下落。在快到中午的时候，有人在路东的玉米地里发现了一具已经高度腐烂的尸体，旁边还有一辆自行车。这具尸体便是失踪的康某。

警方在调查该案件的时候，接到了群众举报。举报者说，自从入夏以来，经常有个 20 岁左右的男青年鬼鬼祟祟地出现在宿舍区周围，每当发现有女人上公共厕所时，他就跟过去。这个男青年经常骑着一辆蓝色的山地车。

这个男青年名叫聂树斌，20 岁。当警方将聂树斌抓捕后，他的父母怎么也不相信儿子会犯下强奸杀人这样的罪行。在母亲张焕枝看来，儿子从小胆小内向，再加上有口吃的毛病，很不喜欢与人交流，根本不敢与人吵架或打架。有一次，张焕枝让聂树斌帮着杀一只老母鸡，聂树斌都不敢。她不敢相信一个连鸡都不敢杀的人，怎么敢去强奸杀人！

在抓捕过程中，聂树斌显得很慌张，还一直对警察说："我没有事，我没有杀人，你们想带走我，得先让我见见我的家人。"当时的办案警察觉得聂树斌的言行举止很可疑，就提高了警觉，觉得他就是强奸杀人犯。

1994 年 12 月 6 日，聂树斌接受了审判。审判结果认为，聂树斌犯下了强奸杀人案，判处死刑。对于这个结果聂树斌表示不服，遂提起上诉。在二审判决中，依旧认定聂树斌要为强奸杀人案负责，并维持原判。2 天后，聂树斌被执行了枪决。

这起案件在当时就充满了许多疑点，比如聂树斌有不在场证明。根据聂树斌所在工厂的工人们回忆，在案发的当天聂树斌正在上班。由于聂树斌所在工厂下午 5 点就下班，所以中午没有午休时间。也就是说，在案发当天聂树斌不可能中午作案，那么他就只能到下午 5 点下班后再作案了。但聂树斌所工作的工厂距离案发现场有 5 公里左右的距离，就是骑自行车也需要大约20 分钟的时间。聂树斌不可能刚下班，就到 5 公里外的地方作案。最关键的是，根据聂树斌工友们的反映，聂树斌在案发的那段时间内并未出现任何异常，考勤和工作情绪都很正常。

那么，这起强奸杀人案的凶手到底是聂树斌还是王书金呢？一张照片成了关键证据，这是一张被害者遇害现场的勘察照片。很少有人会注意到照片中的一串钥匙，这串钥匙就在被害者左脚西侧偏南 30 厘米的草丛中。

为什么这串钥匙成了关键性的证据呢？因为很少有人知道这串钥匙的存在，而王书金在被警方带着指认尸体位置的时候，就提到了这串钥匙。在这个过程中，王书金指出了尸体的位置、自行车倒地的位置、掩藏衣服的位置，最重要的是他说自己看到自行车上有一串钥匙后，就拿了起来，后来便想拿着钥匙也没用，于是就随手扔了。这起强奸杀人案终于真相大白了，聂树斌是被冤枉的！可是他已经被执行了死刑，即便沉冤得雪，年轻的生命也无法挽回了。

死刑可以说是刑罚中最严厉的一种惩罚手段。关于死刑的存废问题一直存在着很大的争议。如果死刑被废除了，那么取代死刑的将会是终身监禁。对于一些杀人犯来说，死刑废除了，他就不用再以命偿命了。这对被害者是不公平的。但依旧有许多人支持废除死刑，为什么呢？就是为了防止类似聂树斌案件的出现。许多人都担心自己会被冤枉，会为自己没有犯下的案件而付出生命代价。

像聂树斌这样的冤案并不少见，有不少人都会因为间接证据和错误的目击者证言而被冤枉。如果被冤枉的人被执行了死刑，那么当有新的证据或者真凶出现，真相大白后，对于被冤枉的人是非常不公平的。如果死刑被废除了，那么就算出现冤案，像聂树斌这样被冤枉的人也能有挽救的机会。

在许多人看来，死刑的存在也有一定的作用。除了要给被害者一个公道外，还可以起到震慑犯罪的作用，从而遏制暴力犯罪的出现。总之，死刑的存废问题存在长期的争议，还将继续争论下去。

犯罪人与被害人——犯罪预防

诺曼底登陆的成功可以说改变了第二次世界大战欧洲战场的局势，同时也标志着法西斯开始走向失败。但盟军的军队依旧无法控制莱茵河流域，尤其是荷兰这个国家，大部分土地还被纳粹所控制。

1944 年 9 月，逃亡到英国伦敦的荷兰流亡政府开始号召铁路工人进行大罢工，希望能为盟军提供支援。这让德国纳粹十分气愤，很快就展开了报复行动，切断了荷兰西部的食物供给。

很快 1944 年的冬天就来了，这是历史上著名的"荷兰饥饿的冬天"。由于战争的因素，荷兰的大部分耕地都被破坏了，这意味着人们无法从土地上获取食物，只能依赖外界的供给。但外界的供给需要交通运输，可是主要的交通运输线因为种种原因都被阻断了。水运是荷兰常见的一种运输方式，可是寒冷的冬天将运河阻断了，船只根本无法通行。此外，德军在撤退的时候开始大肆破坏荷兰的交通运输线，例如许多桥梁和码头都被炸毁了。

在 11 月份时，每个城市的居民每天还能得到 1000 卡路里的食物。但过了几个月后，食物供给的数量大大削减。荷兰大部分地区的人都处于饥饿之中，不少人都因为饥饿而死亡。在这种苦难中出生的孩子，注定了会营养不良，不过能活下来已实属不易。直到 1945 年 5 月，荷兰解放后，人们的生活才渐渐好过起来。

1963 年，曾在饥荒中出生和成长起来的孩子已经到了服义务兵役的年龄。

每个年轻男子在服兵役之前，都必须接受精神病学的体检，包括对反社会型人格的评估。结果，成长在当年饥荒严重地区的人在长大后形成反社会型人格的概率要远远高于生长在衣食无忧的地区的人。这说明，在一个人的成长期，营养是十分重要的。而营养不良则会增加一个人形成反社会型人格的可能性。我们常常听到这样一句话——"穷山恶水出刁民"，一个人如果生长于一个连吃饭都是问题的环境下，那么他就会变得具有攻击性。

此外调查研究证明，许多犯罪分子，尤其是暴力犯罪者，与母亲之间的关系都不怎么好，有的人从小会受到母亲的虐待。在一个人的成长过程中，母亲扮演着非常重要的角色。从进化心理学的角度来说，母亲是每个人一生中不可或缺的存在。在自然界，幼崽如果离开了母亲就无法存活。而对于婴幼儿来说，母亲是他们身心健康发展的重要保障。

一位母亲如果真的期盼着自己的孩子降生到这个世上，那么她从怀孕起就会开始注重对孩子的教育，我们称之为胎教。不管胎教是否真的会起作用，一位母亲既然想到了胎教的问题，那么就意味着她会对自己的孩子负责。这种负责的态度意味着从孩子出生前就做好了准备工作，例如在怀孕期间保持充足的营养、好的心情，最重要的是忌烟忌酒，更别提毒品了。在孩子出生后，母亲除了会给孩子提供温饱的条件外，还会给予孩子关爱。这些都是身为人母的责任，但有的人却从来没有受到过来自母亲的温暖，例如美国的一位连环杀手亨利·李·卢卡斯。

卢卡斯他从小就饱受母亲维奥拉的折磨。1936 年，卢卡斯出生于弗吉尼亚一个十分贫困的地方。卢卡斯的父亲是个酒鬼，曾在一次醉酒中跌在铁轨上，并被碾断了双腿，丧失了劳动能力。卢卡斯的母亲不仅是个酒鬼，还吸毒，她的经济收入来源于皮肉生意。虽然在卢卡斯的记忆中父亲是个一事无成的人，但最起码不像母亲那样咒骂和殴打他。

对于维奥拉来说，卢卡斯就是她的出气筒，只要她觉得不顺心，卢卡斯就得遭殃，卢卡斯残疾的左眼就是母亲的"杰作"。在卢卡斯 12 岁时，他的头部受到了重创，始作俑者便是母亲。或许正是这次的受伤，让卢卡斯变得冷血起来，也造成了他的精神分裂。

卢卡斯从小就是个没有同情心的人，这与长期受虐待是分不开的。在幼年时期，被卢卡斯残害的对象大多是一些力量不如他的小动物，例如鸽子、小老鼠和猫狗等。抓住小动物后，卢卡斯都会把它们折磨死。在看到因为被折磨而痛苦不已的小动物时，卢卡斯不仅不同情，反而觉得很有趣。

母亲长期的殴打和责骂已经成为卢卡斯生活中的一部分，他已经习以为常。最让卢卡斯忍受不了的是母亲对他精神的折磨，母亲总是喜欢把卢卡斯打扮成一个小姑娘的样子，还让卢卡斯穿着裙子去上学。卢卡斯为此总会遭到同学们的嘲笑，他不仅无法得到母亲的关爱，就连从同龄人那里获得心理慰藉的权利也被母亲剥夺了，他身为男孩的尊严完全被践踏。

对于被卢卡斯杀害的人来说，卢卡斯就是一个恶魔，他应该被处死。但如果人们了解了卢卡斯的童年经历后，又会对他的遭遇充满了同情。卢卡斯曾经是一名受害者，但长大后又变成了一个剥夺许多人生命的刽子手。

卢卡斯的人生有点儿像电影《大只佬》所表达的哲学意义。《大只佬》虽然是一部惊悚悬疑的电影，但所表达的哲学含义却和佛教的因果循环有关。在常人的理解中，所谓因果循环就是，种下善因必得善果，而作恶必然会得恶果。但《大只佬》所表达的因果循环却是，你作恶，恶果可能会落到别人的头上；而别人的恶果也可能会由你来承担。这看起来似乎并不公平，但这种不公平只体现在个体的身上。就整体而言，越多人为善，这个世界就会变得越美好；而越多人作恶，这个世界只会越来越糟糕。

而对于卢卡斯来说，他幼时遭受的虐待可以说是母亲在作恶，但这种恶果却由其他无辜的被害者承担了。如果恶在卢卡斯这里就终结，那么便种下了一个善因。这也正是犯罪预防所要做的，即为儿童和青少年提供更好的成长环境。

在犯罪预防中，有一级和二级之分。一级犯罪预防就是从源头上解决问题，为儿童和青少年提供良好的教育和成长环境，防止今时的幼童变成来日的罪犯。

不过一级犯罪预防却很难得到人们的支持，在许多人看来这项工作实在太漫长了，需要花费大量的时间和金钱，而且还不能起到立竿见影的效果。因此，二级犯罪预防是比较受欢迎的，即通过刑罚来制止犯罪行为，简单而直接。但是只有做好犯罪预防的基础工作，才能从根本上减少犯罪行为的发生，所以这两者是不可偏废的。

科技改变罪犯——未来的犯罪

徐某是山东临沂第十九中学的学生，她在 2016 年参加了高考，后来便接到了南京邮电大学英语专业的录取通知书。由于家庭经济困难，徐某便向教育部门申请了助学金，然后一直在家等待消息，而家里也给她凑了 9900 元当学费。

2016 年 8 月 19 日下午 4 点多，徐某的母亲李自云接到了一个 171 开头的陌生号码，但对方在说什么她并没有听懂，于是就将电话交给了徐某。

电话那头的人告诉徐某，她的助学金申请已经获得了批准。听到这个消息后，徐某十分高兴。紧接着，对方就开始询问徐某家附近有没有银行之类的问题。随后，对方又用诱导和试探的方式问了几个问题，徐某便将家里的基本情况都告诉给了对方。

按照对方的要求，徐某想要得到这笔助学金，就必须去银行办个手续。当时的天气并不好，临沂下着大雨，急于得到这笔助学金的徐某就冒着大雨，骑着自行车来到了附近的一家银行。

到银行后，徐某便给对方打电话。对方提出让徐某将卡中的钱都转给他，这样才能激活银行卡，对方还说只要徐某能将钱转到自己指定的账户中，半个小时内，他就会将助学金和转过来的钱一起汇给徐某。

心急的徐某没多想就按照对方说的去做了，将 9900 元学费全部汇给了对方。徐某在银行等了半个小时，还不见对方将钱汇过来，于是就给对方打电话，但对方已经关机了，此时徐某才意识到自己上当受骗了。

这对于平时十分节俭的徐某来说无异于五雷轰顶。徐某是个非常懂事的女孩，她知道家里经济条件不好，所以在花钱的时候徐某十分俭省，有时候父母多给她一些生活费，她也不会要。

回到家后，徐某把被骗的事情告诉了父母。然后徐某就向父亲提出了报案的要求。徐父认为，还是不要报案，毕竟被骗的金额较少，报了案也很难追回来。但徐某却坚持报案，她说自己很难受，还哭着不吃饭。最终在徐某的坚持下，许父连夜陪着徐某去了派出所。

等徐某从派出所出来后，就有些不对劲了，走了没 3 分钟的路，徐某就倒下了。等 120 赶来一看，徐某已经死亡了，是死于心脏骤停。

这起诈骗能成功的关键在于徐某申请助学金信息的泄露。徐某在出事前，曾报名参加了一个叫泛海助学山东行动的资助活动。徐某等学生想要申请到助学金，就必须要到教育局填写申请表，申请表由教育局交给活动主办方。那么，到底是谁泄露了徐某的个人信息呢？

教育局表示没有泄露徐某的个人信息。助学活动的主办方表示，如果批准了学生的助学申请，会直接通过单位座机与学生联系，并将银行卡直接放发给学生，根本不用到银行去汇款。南京邮电大学方听到徐某上当受骗的消息后表示，学校只给学生发放了录取通知书，没有任何学校工作人员与徐某联系。

8 月 27 日，这起电信诈骗案的头号嫌疑犯陈某到警察局自首。根据他的交代，在诈骗团伙中有一个比较懂得电脑技术的人，这个人姓杜，他利用技术攻击了山东省 2016 高考网上报名信息系统，并植入了木马病毒。随后，杜某便将所获得的 1800 名高中毕业生的个人信息资料以每条 0.5 元的价格卖给了陈某。于是陈某就策划了一起诈骗活动，他让郑某、黄某等人拨打诈骗电话。在成功骗取了徐某的 9900 元学费后，陈某就命郑某取走这笔钱，并很快进行了分赃。

随着互联网的发展，我们从中得到了许多便利和娱乐。近年来，犯罪分子也盯上了互联网，并利用互联网进行犯罪。个人信息泄露是网上最常见的一种犯罪活动，一些诈骗分子在掌握了受害者的某些个人信息后，就能轻易地赢得受害者的信任，从而实施诈骗。

除了个人信息泄露外，网上色情交易这种违法活动也十分常见。

2015 年 7 月初，南京梅园新村的警察在工作的时候发现了一个网上卖淫的信息，有一个 QQ 号在网上到处散布招嫖信息。此外这个 QQ 号还经常加入一些 QQ 群，从而在群里发送一些穿着暴露的女性照片，并表示如果有需要可以与她联系。警方为了弄清楚这个网上招嫖信息是否真的是非法交易，于是就从网上与这个 QQ 号取得了联系。

警察通过 QQ 号对对方说，他需要服务，于是该 QQ 号便为警察提供了多张女性照片，并与警察在一番讨价还价之后确定了价格。随后，警察就接到了该 QQ 号发过来的一个地址，对方还让警察到晚上 9 点以后过去。

这个地址是一处居民楼，位于南京河西。于是警方便在这处居民楼附近蹲点守候。在经过几天的蹲守后，警方发现这个居民楼经常会出现一些陌生的男子，而且陌生男子进去的时间还不长，只一两个小时后就出来了。

通过几天的观察，警方认为这些陌生男子极有可能是嫖客，而这处居民楼里存在着一个卖淫团伙。此外警察还发现，有一对夫妻模样的人几乎每天都会在居民楼里进出，还有几个打扮妖娆的女子。这对夫妻极有可能是拉皮条的，而那些打扮妖娆的女子则是卖淫女。

在 7 月底的一天晚上，警方采取了突然袭击的方式捣毁这个卖淫窝点。在当晚 10 点后，蹲守的警察们看到一名男子进入居民楼后，就冲了进去。

警方当场就抓住了这名嫖客和 2 名卖淫女，还有组织卖淫的这对夫妻。

这对夫妻并不是南京本地人。他们只是在这里租了一处两居室的房子，并将这里打造成了卖淫窝点。平时，妻子都会通过 QQ 聊天来寻找嫖客，而丈夫则负责守候在卖淫窝点望风。在这对夫妻看来，通过网上招嫖让嫖客主动上门的方式比较安全，不容易被警察抓住。不过让警方意外的是，当这个卖淫窝点被捣毁之后，居然还有嫖客前来这里寻求色情服务。

除了这种通过网上招嫖的违法行为外，还有许多以提供色情服务为诱饵的诈骗活动。例如下述案例中的张某就被骗了许多钱。

2014 年 2 月 18 日的晚上 7 点左右，广西南宁的张某一个人在出租屋上网。当他浏览网页时，突然看到一个闪着"色情女主播"字样的小弹窗。张某就点击了这个小弹窗。打开后，一个名叫"莉莉主播"的美女出现了，莉莉主播和张某开始聊天，随后便问张某是否需要色情服务，还给张某介绍了各种色情服务的套餐。张某被说得心痒痒，就按照对方的要求花了 8 元钱注册，成为该网站的会员。

注册成功后，莉莉主播告诉张某想要看女主播们的视频表演，就得先支付 298 元。张某被说动了，于是就通过网银往对方所提供的账户里转入了298 元。

随后，莉莉主播对张某说，这个网站还有与女主播裸聊的服务，但得先支付 1000 元。等张某汇出 1000 元后，莉莉主播便用上门服务来诱惑张某，让张某向其账户汇入了 2000 元的上门费和 3000 元的保证金。钱刚一到账，莉莉主播又提出了服装费。这一次张某没有立刻汇钱，他觉得自己已经交了不少钱，但一项服务都没有享受到。于是张某就告诉莉莉主播，他不会再交钱了。这下莉莉主播的态度来了个 180 度大转弯，直接回复了一句"穷鬼！"后就不再和张某聊天。张某这时才意识到自己上当受骗了，于是就到警察局去报案。

像张某这种情况十分常见，但能像张某一样受骗后去警察局报案的受害者却很少见。因为嫖娼本来就是违法活动，许多受害者担心自己去报案后会被当成嫖客处罚。因此许多人就算上当受骗了，也不会去报案。

网络色情服务是一种十分常见的利用网络进行的违法活动。除了上述案例中的这两种情况外，还有一种情况十分常见，即通过网络这个平台买卖淫秽图片或视频。网络上的色情图片和视频之所以十分常见，是因为有很大的市场。

对于许多观看色情图片或视频的人来说，通过网络的方式进行观看十分方便，只要打开网络就可以看到，也不用在他人异样的眼光中去购买相关的杂志或影碟。但这种现象却引起了不少父母的担心，因为这意味着儿童和青少年也可以轻易地从网上接触到色情信息，从而影响他们的身心健康。

此外，因为网络引发的婚外情也不在少数。有些男人因为无法忍受妻子的婚外情，从而导致伤人杀人事件发生。

邵阳市新宁县曾发生过一起伤人事件，警察局在接到报案后立刻赶往金石镇高桥路口，但是行凶者已经逃离了现场，伤者虽然紧急送往医院抢救，还是不幸身亡。行凶者是一个名叫周某的男子。

周某本来有一个幸福美满的家庭，但自从妻子邓某迷上网络直播之后，他与妻子的感情就出现了裂痕。邓某经常在网上和其他陌生男子聊天，一些男子出手十分阔绰，经常给邓某赠送礼物。

一天，周某怀疑妻子与一名男子有不正当男女关系，于是就带着一把水果刀，和妻子以及妻子的大哥、二哥一起去找该男子算账。当乘车来到金石镇高桥路口时，周某与邓某发生了争执。气急了的周某开始殴打邓某，邓某的大哥、二哥看到后立刻劝阻。在 4 个人纠缠的时候，周某趁人不备掏出了随身携带的水果刀，将邓某的大哥捅伤后，又将妻子的大腿给捅伤了。伤人后，周某将妻子拽上车后立刻逃离了案发现场，将受伤的大哥以及劝架的二哥留在了现场。

警方来到案发现场后发现行凶者已经逃走了，于是就赶紧在各个路口设卡拦截，还在周某的住处附近布置了警力。没过多久，周某就出现在住所附近，被警察一举抓获。

在提起利用网络等高科技犯罪时，我们的脑海中通常都会想起电脑黑客。如果我们的电脑被黑客入侵，那么我们的电脑就会被植入病毒，这样电脑功能就会失常，会给电脑中存储的重要文件带来危害，有的电脑病毒甚至能直接将重要文件删除。这会给我们的工作和生活带来许多不便。例如 2017 年出现的勒索病毒。

此外，恐怖组织也开始利用互联网与恐怖分子进行联系，还会在网上蛊惑年轻人加入恐怖组织。例如极端恐怖组织 IS——"伊斯兰国"就经常在社交网络上蛊惑西方青年到中东进行所谓的"圣战"。

车臣共和国的 3 个女孩与 IS 的招募人员在网上有了接触，她们表示自己十分渴望去叙利亚，但却遇到了一个障碍，没有路费。IS 的负责人一听，便提出愿意为 3 个女孩提供路费。于是 3300 美元就打到了女孩的账户上，3 名女孩在得到钱后立刻删除了账号。

最终，这 3 个女孩被车臣警方在监控网络犯罪时发现了，于是就以诈骗罪逮捕了她们。这是车臣共和国发生的首起诈骗恐怖组织案件，十分罕见。

虽然 IS 栽在了这 3 个女孩的手中，但却骗到了更多的人。车臣共和国有许多年轻人真的从网上加入到了 IS 组织中，并且真的到叙利亚去了。

　　恐怖分子除了将网络视为与其他人联系的平台外，还曾入侵过美国的计算机网络。懂得高科技的恐怖组织无异于如虎添翼，会威胁到更多无辜人的生命安全。未来的犯罪活动将更多借助高科技的力量，由此可见一斑。